WER DEN SPOTT HAT,
SCHADET JEDER BESCHREIBUNG

von Jens Thiele

Herstellung: Libri Books on Demand
ISBN 3-8911-550-x

Inhaltsverzeichnis

1.   Im Grunde hilft nur Aquastop
2.   Der Mountain Shuffler Multiflop 2000
3.   Nsbrg mit Fnsnpn
4.   How to get money from a bank
5.   Nur'n bischen Alzheimer, nicht weiter schlimm
6.   Spiele ohne Grenzen
7.   Ja, der Saddam, der ist lustig
8.   Vom Hölzken aufs Stöcksken
9.   Sensation for the nation
10. Schmeiß' doch einfach den Trainer 'raus !
11. Wie war noch 'mal die Frage ?
12. Die Super Small Talk Show
13. Wie konnte das nur passieren ?
14. Die Konjunktur, das zweifelhafte Wesen
15. Was es heißt, ein Star zu sein
16. Sachen gibt's, die gibt's gar nicht
17. Die Wahrheit über den Wein
18. Ein Tag im Leben des Friedrich Hennemann
19. Zu unserer größten Zufriedenheit
20. Bei die Mercedes
21. Alles nur getauscht
22. Auf dem Boulevard
23. Dribbdebach
24. Hauptsache sinnlos, aber egal
25. Selbstbedienungsanleitung
26. Im Osten was Neues
27. Sie bitte bitte helfen mir
28. Zeitsprung
29. Richtig einkaufen will gelernt sein
30. Nepper, Schlepper, Bauernlümmel
31. Couch Potatoes
32. Andere Ausländer, andere Sitten
33. Uff Woscht
34. Volle Kanne leere Kassen
35. Beamtenbeleidigung
36. Dragster Racing
37. Diagnose: Genau 60 Prozent
38. In bester Absicht
39. Geheimfavorit bei der WM ?
40. Die Robotniks sind da
41. Denke nicht nach und werde reich
42. Vom Umgang mit Versicherungen
43. Modern talking
44. Accidente ?
45. Und nun: Die Nachrichten

46. Wer's kauft, wird selig
47. Befehl ist Befehl
48. Tour de Trance
49. Der Amerikaner an sich
50. Ich fühl' mich wie ausgewechselt
51. Emile's Devise
52. Der Physicus
53. Das Verkehrsgericht tagt
54. Die CSG auf Achse
55. Wegschauen lohnt sich
56. Auf dem Amt, da gibt's koa Sünd
57. Let's talk about Sex, Baby
58. How to erschreck teenager in the frühe Vormittag
59. Vollfettstufe
60. Die Tramps aus der Pfalz
61. Haste was, darfste was
62. Wenn einer eine Reise tut
63. Herzlichen Glückwunsch, Mister Patterson !
64. Höhere Mathematik
65. Japan ist überall

Im Grunde hilft nur Aquastop

Andreas, ein guter Freund von mir,
kaufte sich kürzlich eine Waschmaschine.
Wie er mir stolz verkündete, handelte es sich
dabei um ein Modell mit Aquastop.

Aquastop sei ein Ventil, erklärte er mir, daß das Aqua stoppt. Angebracht ist
Aquastop an dem Wasserschlauch, der zur Waschmaschine führt.
Hilfreich sei diese Konstruktion vor allem dann,wenn der Schlauch platzt,
der zur neuen Waschmaschine führt.

Außerdem, so führte er aus, handele es sich um ein sogenanntes Schlagventil
und besteht aus Plastikteilen. Ich äußerte die Befürchtung, Aquastop könne sich
schlagartig in seine Bestandteile auflösen, wenn es unter Druck geriete, womöglich
durch Wasser. Das ließ er aber gar nicht erst gelten; das sei, wie er mir erklärte,
wahrscheinlich unwahrscheinlich.

Mir war aufgefallen, daß das sagenumwobene Aquastop nicht ganz oben unter dem
Wasserhahn angebracht war, sondern ein Stück weiter unten. Dadurch bestand die
Möglichkeit, daß der Wasserschlauch oberhalb des Aquastops platzen und
seinen Keller in ein Hallenbad verwandeln würde.

Diesem leichtfertigen Einwand entgegnete er mit einem überlegenen und unangreifbaren:
"Na, und ? Ich hab' doch 'nen Aquastop !"
Vielleicht stoppt Aquastop das Wasser nur dann, wenn es außen vom Wasser
umschlossen wird....

In der Bedienungsanleitung stand zu lesen:
"Der Aquastop, der macht jetzt Schluß
 mit Wasserzulauf-Überfluß."

Und das stimmte denn auch so ungefähr:
Nach einiger Zeit besuchte ich meinen Freund Andreas und fragte ihn nach seinen
Erfahrungen mit dem Aquastop. Wie er mir glaubhaft versicherte, käme der Aquastop
absolut seiner Aufgabe nach und sei jederzeit Herr der Lage. Nur beim Waschen lasse
er etwas nach, weil der Aquastop das Aqua stoppt.
Er wasche seine Wäsche jetzt überwiegend im Waschsalon, was ja auch viel schonender
sei. Außerdem deutete er an, daß die Ergebnisse des wasserlosen Waschens nicht recht
befriedigend seien.

Ich schlug ihm dauraufhin vor, den Aquastop auszubauen und einen Blick in die
Bedingungen seiner Hausratversicherung zu werfen, bezüglich Wasserschäden ohne
Aquastop. dort stand sinngemäß, daß Schäden am Hausrat nur dann nicht von der
Versicherung ersetzt werden, wenn es sich um Leitungswasser handelt oder auch nicht.

Im übrigen seien Schadensersatzforderungen an Wochenenden eher schlecht
und an Werktagen nicht besonders gut durchsetzbar.
Mit Aquastop allerdings ermäßigen sich alle Zahlungen der Versicherung um 10 %.

Dermaßen gestärkt, ging der Ausbau des Aquastops zügig vonstatten.

Das hat nun zur Folge, daß mein Freund Andreas nun vor dem Waschen den Wasserhahn auf- und
nach dem Waschen zudreht. Das belastet ihn allerdings wenig; wenn er es leid ist,
hat er ja immer noch - den Aquastop.

Der Mountain Shuffler Multiflop 2000

Immer, wenn es warm ist,
ist es in meiner Wohnung noch etwas wärmer.
Ein wenig wärmer. Unerträglich warm.
Verflucht warm sogar.
Genauer gesagt: Zum Verrecken heiß.

Um diesem Zustand abzuhelfen, habe ich mich nach einer Lösung umgesehen:
Schon aus Platzgründen kam eine Klimaanlage nicht infrage. Also mußte etwas anderes her.

In einem Katalog der französischen Firma Brise brutale stieß ich auf die Lösung:
Der Mountain Shuffler.

Das war's.
Klein, handlich, abwaschbar und elektrobetrieben.
Der Mountain Shuffler besteht im Prinzip aus drei Teilen: Hinten befindet sich ein Propeller,
der aus lauter Langeweile andauernd um die eigene Achse eiert. Weiter vorne ist eine Wasserpatrone angebracht, die mit Leitungswasser aufgetankt werden muß. Ganz vorne ist eine Röhre, die
zum Glück nicht röhrt. Der Mountain Shuffler arbeitet ganz leise.

Das Funktionsprinzipsieht vor, daß der durch den Propeller erzeugte Luftstrom durch
die Wasserpatrone gekühlt und angefeuchtet wird. Das mit der Anfeuchtung klappt
ausgezeichnet.

Nach der Aussage im Katalog kühlt der MountainShuffler die Umgebungsluft
um 11° Celsius.
Eine derartige Wirkung kann ich jetzt so direkt nicht bestätigen.

Es stimmt zwar, daß das Gerät einen feuchten Luftstrom erzeugt.
Das fällt aber an schwülen Tagen nicht weiter auf.

Außerdem massiert mir der Luftstrom angenehm den Nacken, bis ich dann das Gerät
ausschalte und mit Halsmuskelverhärtung davonwanke. Wenn ich den Luftstrom allerdings auf meine Zigarette richte, bläst das Gerät den Rauch sehr angenehm dahin, wo
die anderen sitzen.
Leider verglimmt die Zigarette dann in handgestoppten 11,4 Sekunden.

Die behauptete Kühlwirkung des verdammten Mountain Shuflers um 11° tritt allerdings
ein, wenn man bei eingeschaltetem Gerät, einer Außentemperatur von 10° und einer
Innentemperatur von 21° das große Fenster 20 Minuten lang öffnet.

Im übrigen entwickelt dieses erstaunliche Gerät eine faszinierende biologische Aktivität.
Nach mehrmaligem Füllen der Wasserpatrone entwickelte sich auf ihrer Oberfläche
ein fingerdicker, schwarzer Belag.

Wie ich ohne Schwierigkeiten unter der Lupe feststellen konnte, entweichen auf diese
Weise dem Gerät vorne feuchte Luft, Lungenentzündung, Kinderlähmung, Herpes C
und Gonorrhoe.

Aber: Von diesen kleinen Fehlern abgesehen, kann ich den fabelhaften Multiflop
uneingeschränkt empfehlen: Er ist so schön zweckfrei.

Nsbrg mit Fnsnpn

In meiner Zeit als Student und Taxifahrer in Frankfurt habe ich so manche obskure
Geschichte erlebt. Ausgesprochen reizvoll waren immer wieder Begegnungen mit
Ausländern, mit denen eine Verständigung aufgrund von Sprachproblemen nur indirekt
möglich war. Im vergangenen Jahr also wurde ich von der Taxizentrale zu einem
Restaurant dirigiert.

Der Fahrgast war offenbar nicht nur Ausländer unbekannter Herkunft,
sondern auch in großer Eile. Er stieß hervor: "Nsbrg ! Nsbrg !"

Vielleicht habe ich vergessen zu erwähnen, daß mir die Sprachen dieser Welt
weitgehend geläufig sind. Deshalb nennt man mich auch "den Unfaßbaren", wahlweise
auch "den Unbegreiflichen".
Mein geradezu pyramidales Sprachengehirn begann sofort fieberhaft zu arbeiten
und entschied sich für die sizilianische Verteidigung: "Schnasi atznu hudu fnsnpn ?"

Damit hatte er offensichtlich nicht gerechnet.
Er erwiderte mir mit einem Wortschwall, aus dem ich ein Drittel Arafat, ein wenig
Maghreb, große Konfusion und immer wieder Nsbrg herauszuhören meinte.
Dabei ruderte er auch noch heftig mit den Armen, vermutlich wegen Nsbrg.

Wer war dieser Nsbrg ? Und warum war er bei Arafat ?
Warum gehen Frauen immer gemeinsam auf die Toilette ? Und warum ist am Montag
immer so schlechtes Fernsehprogramm ?
Das galt es herauszufinden.

Also stellte ich ihm die Frage: "Nischde nibrezed Arafat, Mumpitz Maghreb,
glibberdad Nsbrg ?"
Er stierte mich verständnislos an.

Dann deutete er mit dem Finger nach Süden. Aha !
Das war also die richtige Richtung.
Wir fuhren los, über Frankreich, Belgien, Schweden, Österreich und Portugal
nach Gibraltar.

Dort angekommen, stieg mein Fahrgast aus, bedankte sich, zahlte höflich und
korrekt DM 10.486,60 und bestieg den nächsten Zug nach **Neu-Isenburg.**

Neu-Isenburg liegt ungefähr 3 Kilometer südlich von Frankfurt.

Dorthin hatte er also gewollt !

Das hätte er auch gleich sagen können.

How to get money from a bank

Das folgende Gespräch ist fiktiv
und erhebt daher keinen Anspruch
auf Vollständigkeit oder Folgerichtigkeit.
Dieses Gespräch hat nie stattgefunden.

Es unterhalten sich - erstmals bei ihm zu Hause - Herr Dr. Jürgen Schneider und Vertreter
einer x-beliebigen Deutschen Bank.

Jürgen Schneider: "Guten Tag, meine Herren. Ich habe sie schon erwartet."

Hilmar Kopper: "Ja, Guten Tag, Herr Schneider. Eine tolle Villa haben sie da."

Schneider: "Ja, ganz großartig. Fabelhafte Villa. Sie heißt übrigens Villa Andreaeae."

Kopper: "Ach was."

Schneider: "Treten Sie näher ! Die Teppiche lasse ich übrigens höchstselbst importieren,
          von einem befreundeten Teppichhändler. Dieser Teppichhändler hat ganz
          erstaunliche Geschäftsmethoden, von denen man lernen kann. Sie übrigens
          auch. Ich dagegen weniger.
          Teppichhändler sind ja überhaupt bekannt für ihre penible Sorgfalt, z.B. bei
          der Preiskalkulation."

Kopper: "Ja, unbedingt."

Schneider: "Die Villa ist eines der zahllosen Objekte, denen sich meine Banken
          verschrieben haben. Übrigens mit großem Erfolg und zum
          gegenseitigen Nutzen."

Kopper: "Das wollen wir Ihnen glauben."

Schneider: "Ich trage übrigens kein Toupet. An mir ist alles echt."

Kopper: "Auch das."

Schneider: "Kommen wir jetzt zum geschäftlichen Teil.
          Ich plane denBau eines Kaufhauses auf der Zeil in Frankfurt. Das Grundstück
          habe ich mir bereits unter den Nagel gekauft. Es handelt sich um ein Haus mit
          mehreren Etagen und einer ganzen Reihe von kleineren Geschäften darin.
          Geplanter Name: "Zeil Galerie/Les facettes."
          Fabelhaftes Gebäude. Wenn Sie es nur sehen könnten....."

Kopper. "Ich sehe es schon vor mir."

Schneider: "Das geplante Gebäude hat einen Grundriß von 8 mal 5 Metern, ist
          800 Meter hoch, beherbergt 17 Läden á 5.600.- mtl.,
          das entspricht 56 Mio. DM Mieteinnahmen monatlich. Fabelhafte Sache."

Kopper: "Sind Sie sicher, daß Ihre Kalkulation sozusagen allen Regeln der Mathematik
folgt, will sagen: Über jeden Zweifel quasi erhaben....?"

Schneider: "Ich bin noch nicht fertig.
Das Gebäude verfügt über eine einzigartige Architektur. Von außen sieht es
so aus, als ob es maximal 9.000 Quadratmeter Verkaufsfläche hat.
Tatsächlich hat das Gebäude aber über 20.000 Quadratmeter Verkaufsfläche.
Das liegt an der luftigen Fassadengestaltung. Wir nennen das: Lean Architecture
Optimization Process Management. Großartige Sache.
Sie können die Quadratmeter-Angaben übrigens gerne überprüfen."

Kopper: "Bei jemandem, der so schöne Teppiche hat wie Sie, ist das sicher nicht
notwendig. Wie haben Sie sich denn die Besicherung des Kredits vorgestellt ?"

Schneider: "Ich habe mir anderweitig 580 Mio. DM geliehen und als Festgeld angelegt.
Das dürfteals Sicherheit bei kalkulierten Baukosten von 500 Mio. DM
absolut ausreichen."

Kopper: "Das ist ja schon vom Betrag her mehr als genug."

Schneider: "Ich nenne mein Festgeld übrigens "Frostgeld"."

Kopper: "Rasend komisch."

Schneider: "Übrigens habe ich noch ganz andere, weiterführende Pläne, von denen Sie
als Kreditgeber durchaus profitieren könnten."

Kopper: "Das klingt ja interessant."

Schneider: "Ja. Meine Pläne zielen darauf ab, eine größere Anzahl von Filetgrundstücken
in besten Lagen zu erwerben, darauf entweder hochwertig zu bauen oder zu
sanieren und dadurch eine ganz erhebliche Schuldenlast anzuhäufen.
An dieser Stelle sind Sie dann gefordert."

Kopper: "An welche Summe hatten Sie denn da so gedacht ?"

Schneider: "Nun, meine Verschuldung wird sich am Ende auf rd. 6 Mrd. DM
belaufen."

Kopper: "Das wäre uns sehr angenehm. Natürlich werden wir uns vorbehalten,
uns erstrangig ins Grundbuch einzutragen, wenn wir schon keine ernst-
gemeinten Kreditantragsprüfungen vornehmen.
Bei einer so weltgewandten, souveränen, gut eingeheirateten, blendend
aussehenden, finanziell soliden, zuverlässigen und integren Persönlichkeit
sind wir gerne bereit, alles für Sie zu tun ! Und dann diese Teppiche !!"

(Hilmar Kopper fällt auf die Knie und küßt Jürgen Schneider die verschwiemelten
Füße ab:) "Oh, Du Titan der Hochfinanz, Herrscher über Raum, Zeit und Handwerker !
Laß mich Dein Sklave sein ! Die Bankenwelt wird Dir folgen, wohin Du auch gehst !"

Schneider: "Laß ab, Hilmar ! Reiß er sich zusammen !"

Kopper (gerührt): "Ja, mein Gebieter....."

(Jürgen Schneider holt noch weiter aus): "Die ungeheure Aufblähung meines Konzerns
wird in absehbarer Zeit unweigerlich zum Zusammenbruch führen. Der genaue Termin
steht noch nicht fest. Es wird einen gewaltigen Bums geben - soviel steht mal fest."

Kopper: "Bums ?"

Schneider: "Bums."

Kopper: "Verstehe."

Schneider: "Danach werde ich mit der Ausrede, Erholung zu brauchen, den ganz langen
            Schuh machen, also mich in die USA absetzen, vermutlich nach Florida.
            Dort werde ich in einer Apartmentanlage wohnen und mich von meinen
            Lakaien als König feiern lassen. Das wird sicher sehr angenehm."

Kopper: "Zweifellos. Und was ist mit der Strafverfolgung ?"

Schneider: "Es wird nach meiner Berechnung ungefähr ein Jahr dauern, bis mich die
            Zielfahnder des Bundeskriminalamts aufstöbern."

Kopper: "Und dann ?"

Schneider:"Danach beginnt der etwas weniger angenehme Teil: Untersuchungshaft.
            Ich sehe vor, die U-Haft in Frankfurt-Preungesheim zu verbringen.
            Allerdings wird sich diese Zeit nur so lange hinziehen, bis ich mich meine
            Anklageschrift gegen...."

Kopper: "Anklageschrift ?"

Schneider: "....Anklageschrift gegen all die Kreditinstitute fertiggestellt habe, die mir
            unverantwortlicherweise Geld geliehen haben. Viel zuviel Geld übrigens.
            Die Kontrollen bei den Banken haben versagt. Außerdem haben die
            Banken mir unbesehen den größten Unfug geglaubt."

Kopper: "Und was ist mit der Anklageschrift gegen Sie ? Konkursverschleppung,
            Kreditbetrug, Untreue.....?"

Schneider: "Das wird sozusagen miteinander verrechnet. Ich biete den Banken an,
            nicht zu schildern, wie unglaublich leicht es war, Millionenkredite zu
            bekommen. Außerdem werfe ich den Banken keineswegs vor, leicht-
            fertig mit dem Geld ihrer Sparer umzugehen. Als Gegenleistung verlange
            ich eine milde Haftstrafe, die ich mir mit meinem Geld recht kuschelig
            gestalten werde."

Kopper: "Was denn für Geld ?"

Schneider: "Ach ja, das habe ich ganz vergessen zu erwähnen. Ich habe über Mittels-
            männer eine erhebliche Summe beiseitegeschafft, lange vor dem Konkurs

schon. Rund 5 Millionen davon werde ich in die Haftzeitverschönerung investieren. Der große Rest ist für die Zeit danach."

Kopper: "Wie soll die aussehen ?"

Schneider: "Nun, ich suche mir zusammen mit meiner Frau ein sonniges Plätzchen und ziehe mich aus dem Geschäftsleben zurück."

Kopper: "Das wäre uns sehr recht."

Schneider: "Sollte mir das Geld auszugehen drohen, plane ich ein Buch und eine Vortragsreihe an ausgesuchten europäischen Universitäten: "How to get money from a bank"

Kopper: "Das wird nicht nötig sein."

Schneider: "Gut, was ist also mit dem Kredit für die Zeil-Galerie ?"

Kopper: "Wieviel ?"

Schneider: "580 Millionen."

Kopper: "Reicht Ihnen ein Scheck oder soll es eine Bürgschaft sein ?"

Schneider: "Scheck genügt."

Kopper: "Ihre Ausführungen haben mich überzeugt. Immerhin werden wir nicht auch noch angeklagt."

Schneider: "So ist es."

Kopper: "Es hat mich gefreut, Ihnen geholfen zu haben."

Schneider: "Wir sehen uns noch. Erst vor Gericht, dann später vermutlich in Curacao."

Kopper: "Gewiß."

(Hilmar Kopper, später zu seinen Mitarbeitern:)
"Ein hervorragender Mann, dieser Schneider.
 Und dann diese Teppiche.....!"

Nur'n bischen Alzheimer, nicht weiter schlimm...

Vor kurzem konnte ich ein
Telefongespräch verfolgen,
das mein Vermieter mit einem
seiner Mieter führte.

Mein Vermieter ist ein etwas älterer
Herr. Nennen wir ihn der Einfachheit
halber Herrn Alzheimer.

Frau Alzheimer: "Liebling, Telefon !"

Herr Alzheimer: "Wer issen des ?"

Frau Alzheimer: "Ein Mieter von uns, aus der Balduinstraße, der Herr Blümel...."

Herr Alzheimer: "Balduinstraße ? Blümel ? Kenn' ich nicht."
(Er geht ans Telefon.)

Mieter: "Guten Tag, Herr Alzheimer. Blümel ist mein Name, aus der Balduinstraße, und..."

Herr Alzheimer: "Ich kenne Sie nicht. Wer sind Sie ?"

Mieter:"Ich bin seit 2 Jahren Ihr Mieter, in der Balduinstraße. Erinnern Sie sich ?

Herr Alzheimer: "Ja. Balduinstraße."

Mieter: "Ich habe eine Ihrer Wohnungen gemietet."

Herr Alzheimer: "Die Balduinstraße ist in Offenbach."

Mieter: "Ja. Ich wohne dort, in Ihrer Wohnung."

Herr Alzheimer: "Sie wohnen in meiner Wohnung ? Dann machen Sie sofort,
                daß Sie 'rauskommen !"

Mieter: "So meine ich das doch nicht. Sie haben die Wohnung an mich vermietet."

Herr Alzheimer: "Warum ?"

Mieter: "Herrgott noch 'mal, Herr Alzheimer ! Können Sie sich denn an gar nichts
                mehr erinnern ?"

Herr Alzheimer: "Doch. Ich war beim Arzt. Ich habe eine Krankheit. Wie die heißt,
                habe ich vergessen."

Mieter: "Sie sind auch Hauseigentümer."

Herr Alzheimer: "Ja. Tolle Sache, nicht wahr ? Und das in meinem Alter...."

Mieter: "Herr Alzheimer, ich habe mich aus meiner Wohnung ausgeschlossen."

Herr Alzheimer: "Da kann ich doch nichts dafür."

Mieter: "Ich muß aber dringend in meine Wohnung !"

Herr Alzheimer: "Ihre Wohnung ? Ich denke, es ist meine Wohnung ?"

Mieter: "Sie haben die Wohnung an mich vermietet."

Herr Alzheimer: "Ja."

Mieter: "Ich habe mich ausgeschlossen."

Herr Alzheimer: "Wovon ?"

Mieter: "Aus der Wohnung, die ich von Ihnen GEMIETET HABE."

Herr Alzheimer: "Ach nein."

Mieter: "Herr Alzheimer, ich benötige Ihren Schlüssel zu der Wohnung !"

Herr Alzheimer: "Wenn Sie in meiner Wohnung wohnen: Wieso habe ich Sie dann
hier noch nie gesehen ?"

Mieter (schreiend): "Weil wir zwei völlig getrennt wohnen, Herr Alzheimer !"

Herr Alzheimer: "Das ist auch gut so. Sie schreien mir zu sehr."

Mieter: "Geben Sie mir jetzt IHREN Schlüssel zu IHRER Wohnung ?"

Herr Alzheimer: "Warum sollte ich ? Da könnte ja jeder kommen."

Mieter: "Herr Alzheimer, ich bestelle jetzt den Schlüsseldienst."

Herr Alzheimer: "Warten Sie. Die Telefonnummer hab' ich im Kopf:
069/8241670457876543221909887. Die brauche ich selber öfter."

Mieter: "Vielen Dank, Herr Alzheimer."

Herr Alzheimer: "Aber gern geschehen, Herr Blum."

Spiele ohne Grenzen

Bei den Olympischen Spielen 1996
in Coca Cola City/USA zeigte sich
einmal mehr, daß gedopte Sportler,
die kontrolliert werden, antreten gegen
gedopte Sportler, die nicht kontrolliert
werden. Deshalb fordere ich persönlich
die konsequente Abschaffung aller Doping-
kontrollen - wegen der Chancengleichheit.
Nach der Freigabe des Dopings in jeder Form
stelle ich mir die Olympischen Spiele im Jahr 2000
in Sydney dann etwa so vor:

Beim Stabhochsprung wird in Zukunft auf den Stab verzichtet. Gleichzeitig wird der
Anlauf für die Athleten auf einen Meter verkürzt, damit der Unterschied zum normalen
Hochsprung erkennbar bleibt. Die durch Wachstumshormone auf etwa 3,40 Meter
angewachsenen Sportler erreichen auf diese Weise Sprunghöhen von etwa 15 Metern.

Beim Schwimmen werden aus Sicherheitsgründen die Wände des Schwimmbeckens
innen gepolstert, weil eine gefahrlose Wende für die Schwimmer nicht mehr möglich ist,
wenn sie mit einer Geschwindigkeit auf den Beckenrand zuschwimmen, die sehr schnell ist.

Beim Hürdenlauf werden die Hürden auf 3,60 Meter erhöht. Springreiten und Military
finden in Zukunft ohne Pferd statt.

Beim Turmspringen aus 120 Meter Höhe ist der 7-fache Schraubenzieher keine Selten-
heit mehr; zur Vergrößerung des Reizes für Sportler und Zuschauer ist das Sprungbecken
dann nur noch 40 Zentimeter breit und lang, sowie 1,80 Meter tief.

Bei den Wurfdisziplinen wie Speer- oder Hammerwurf findet der Abwurf in Sydney statt.
Gültig sind nur solche Versuche, bei denen das Wurfgerät im Stadion von Perth landet.
Sportler, deren Wurfgerät auf belebten Straßenkreuzungen oder in größere Menschen-
mengen einschlägt, werden disqualifiziert.

Beim Triathlon findet der Schwimmwettbewerb nur noch ab Windstärke 9 statt.
Außerdem bekommen die Triathleten schon beim Schwimmen das Fahrrad umgeschnallt,
um Zeit zu sparen.

Bei den Laufdisziplinen werden die Sprintstrecken auf 10.000 Meter ausgedehnt.
In der 4 x 100 Meter-Staffel der Männer wird das Staffelholz durch eine scharfe
Handgranate ersetzt, deren Detonationszeitpunkt jeweils exakt auf Weltrekordzeit
eingestellt ist.

Bei den Ruderdisziplinen werden den Athleten unmittelbar vor dem Start faustgroße
Löcher in den Bootsrumpf gebohrt.

Auch das Gesicht des Bogenschießens hat sich grundsätzlich geändert. Geschossen
wird nur noch auf bewegliche Ziele wie z.B. Sportfunktionäre, die durch besondere

Untätigkeit und/oder Bestechlichkeit aufgefallen sind. Ersatzweise können aber auch britische Hooligans, Immobilienmakler, Kreditvermittler und überführte Kinderschänder zwangsverpflichtet werden.

Auch beim Turnen haben sich Veränderungen ergeben: Um zu verhindern, daß die Turner grundsätzlich die Höchstnote erzielen, werden nach dem Zufallsprinzip Abstand, Höhe und Beschaffenheit der Sportgeräte während der Übungen verändert. Das gilt insbesondere für das Turnen an den Ringen (neuerdings übrigens eingefettet), Stufenbarren und Pferdsprung.

Ja, die Anforderungen an die Sportler werden steigen. Auf der anderen Seite hat hemmungsloses Doping für die Sportler den Vorteil, daß sie auf das Training verzichten können. Deswegen passen sich die Athleten dem Lebensstil des Normalbürgers an und lassen sich erst kurz vor dem Wettkampf das Fett absaugen. Problematisch ist allerdings die Phase kurz vor dem Start, wenn es gilt, die Sportler von den Bierdosen und Chipstüten fernzuhalten.

Besonders deutlich werden die Veränderungen der Spiele am Beispiel des Marathonlaufs: Vor Beginn des Wettkampfs können sich die Teilnehmer am Ausdauersportartendopingberatungsstand letzte Hinweise auf den neuesten Stand der Doping-Forschung geben lassen. Auf der Laufstrecke befinden sich dann im Abstand von je 5 Kilometern Verabreichungsstellen, an denen die gewünschten Präparate frisch erhältlich sind. Besonderes Interesse findet jedesmal die Laktatwert-Direkteinspritzung.

Eine Einschränkung gibt es allerdings am Ende doch: Alle bei Olympia benutzten Dopingmittel müssen aus kontrolliertem Anbau stammen.

Und _das_ wird strengstens kontrolliert.

Ja, der Saddam, der ist lustig...   (Im August 1996)

Jetzt, mittendrin in der neuesten Golf-Krise,
stellen sich ein paar Dinge heraus, die der
Öffentlichkeit bisher verborgen waren.
So war beispielsweise nicht bekannt, daß es
im Vorfeld der militärischen Auseinandersetzungen zwischen den USA und dem Irak
einen Briefwechsel zwischen Bill Clinton und
Saddam Hussein gegeben hat.

Dieser Briefwechsel spielte sich auf englisch ab,
so daß z.B. Helmut Kohl nichts damit hätte anfangen können. Um die NATO-Partner über die
Entwicklung am Golf auf dem laufenden zu halten,
wurde dieser Briefwechsel u.a. ins Deutsche übersetzt.

Mit der Übersetzung wurde ein deutscher Politologie-
Student beauftragt, der gerade im Foreign Office sein
Praktikum absolvierte. Irgendwie scheint er damit nicht
ganz fertig geworden zu sein....

---

from: Saddam Hussein
      Oppression Center
      Baghdad, Iraq

to: The President
    of the United Mistakes of America (UMA),
    Mr. Bill Clinton
    Pennsylvania Avenue
    The White House/Washington

Dear Bill,

as certainly know, I need a little Krieg from time to time
in order to ablenk from innerpolitical problems.
So the Kurden come mir quite right.
What I want to do is hau auf the Kurden obendrauf.
I don't have persönlich irgendwas against the Kurden
in my Land but they are the ideale Opfer.

Therefore, I want you to halt the Füße still and guck zu.
I don't want to ausdehn this tiny little Krieg very much.
I just want to schüchter them ein and treib some of them
over the Grenze to the Türkei, Syrien oder Iran.

Please gönn me this little Spaß and think of me when you
are on Jagd next time and have a Hirsch or something else

for the Flinte.

In this Sinn

Your tiny little Oppressor

Saddam

(Saddam)

---

from: Bill Clinton
to: Saddam Hussein

Dear Saddam,

I have heard what you have vor.
I'm not at all einverstanden with your plans.
If you hau auf the Kurden drauf we will prügel you
until you are grün and blau.

Ein for allemal: Let the Kurden in Ruh'!

The letzte Mal, als you Ärger provoked in Zusammenhang with Kuwait,
we have you verschont. Should we get you between our fingers diesmal,
we will at least schneid your Eichel in Scheiben, if you have Glück.
If not, we will see.

Sincerely Yours

Bill Clinton

(Bill Clinton)

---

from: Saddam Hussein
to: Bill Clinton

Hey, Bill !

don't be so upset ! I'm just playing a little Spiel.
As you know, I'm your best helpershelper in your Wahlkampf.
So I decided to schubs the Kurden 'rum all 5 years,
when Wahlkampf is in America.
And can you please heb' auf this fucking embargo ?

Oh, by the way: Could you sell me one of these schnuckelige Flugzeugträger
that you have ? I am in urgent need of such a Spielzeug.
If you give me a Flugzeugträger with real Kampfbombers on it
I won't ignore the Flugverbot for 2 days.

I don't really think that you want to make the Garaus.
If I wasn't on the world any more, who would bring you
political Zustimmung like me ?

Additionally, as dead Märtyrer, I nutz you nix.
So what will you more ?

Best wishes

Saddam

(Saddam)

---

from: Bill Clinton
to: Saddam Hussein

Dear Saddam,

you have right with what you say.

In deep depression

Bill Clinton

(Bill Clinton)

Vom Hölzken aufs Stöcksken

Vor kurzem hatte ich Gelegenheit,
im Elektronik-Bereich einer großen
Firma mitzuarbeiten. Wie unschwer
festzustellen war, war die Firma nicht
nur voller Leuchtdioden, sondern auch
voller Vollidioden.

Das folgende Gespräch zwischen zwei
Mitarbeitern dieser Firma vermittelt einen
Eindruck davon:

Sie: "Der Herr Weber, aus der Service-Abteilung, ist das nicht so'n großer Blonder ?"

Er: "Nein, nein. Der ist dunkelhaarig."

Sie: "Aber der Matthias Sammer, der ist blond."

Er: "Na, eher rotblond."

Sie: "Rot ist auch 'ne schöne Farbe."

Er: "Ja, für Nagellack zum Beispiel."

Sie: "Oder für Autos. Ferraris sind meistens rot."

Er: "Michael Schumacher fährt für Ferrari."

Sie: "Die Frau vom Michael Schumacher, die ist jetzt zu 70 % schwanger."

Er: "Nein, nein. Zu 70 % wird es ein Mädchen."

Sie: "Ich war auch einmal ein Mädchen."

Er: "Ich war nie ein Mädchen, noch nicht einmal, als ich jung war."

Sie: "Der Macaulay Culkin, der ist ziemlich jung. Der hat die Hauptrolle gespielt
     in dem Film......wie hieß der doch gleich, der Film......?"

Er. "Kevin allein zu Haus."

Sie: "Wieso nennen Sie mich Kevin ?"

Er. "Ich kann Sie nennen, wie ich will."

Sie: "Ich habe Hunger."

Er: "Auf Pizza ?"

Sie: "Nein. Eher auf etwas italienisches."

Er: "Italien ist ja überhaupt schön."

Sie: "Waren sie schon mal da ?"

Er: "Nein, aber ich war schon 'mal in Oberammergau. Vielleicht war es auch
    Unterammergau. Man weiß es nicht genau."

Sie: "Im Salzkammergut ?"

Er: "Ja. Es geht auch ohne Salz."

Sie: "Kennen Sie das sechste Gebot ?"

Er: "Du sollst nicht ehebrechen."

Sie: "Wieso duzen Sie mich ?"

Er: "Außerdem bin ich überhaupt nicht verheiratet."

Sie: "Ich würde mir gerne einen Jaguar kaufen."

Er: "So 'ne große Katze kriegen Sie doch nie in Ihre Wohnung 'rein."

Sie: "Machen Sie 'mal ein bischen Musik. Dort hinten steht eins von unseren Geräten."

Er: "Sie meinen das mit der Handkurbel dran ?"

Sie: "Ich mag Michael Schanze, die Kelly Family, Alfred Biolek, David Hasselhoff
    und Jürgen Marcus."

Er: (ringt um Fassung.)

Sie: "Ich liege beim Sex gerne unten."

Er: "Ich auch. Ich kopiere mir Filme zu Hause."

Sie: "Die Kopie reicht ja doch nie an das Original heran."

Er: "Wußten Sie schon, daß das erste Frotteehandtuch das Ergebnis eines
    Webfehlers war ?"

Sie: "Der Herr Weber, der hat auch einen Webfehler."

Er: "Ist das nicht dieser große Blonde aus der Service-Abteilung ?"

Sensation for the nation

Habe ich eigentlich schon erwähnt,
daß ich nebenberuflich für die privaten
Medien als Sensationsreporter arbeite ?
Nein, natürlich habe ich das noch nicht
erwähnt. Es ist aber so.
Die privaten Fernsehsender z.B. sind wie
ein Rudel hungriger Wölfe: sie wollen ständig
gefüttert werden. Diesem Sensationshunger
trage ich jederzeit gerne Rechnung.

Dabei decke ich in regelmäßigen Abständen Phänomene auf, die jedermann beobachten
kann, aber keine Erklärung dafür findet. Ich habe mir beispielsweise die Frage gestellt,
was einen Menschen dazu treibt, sich von morgens um 6 Uhr bis nachts um 11 Uhr an
einen Kiosk zu stellen.
Arbeitslosigkeit ? Langeweile ? Verzweiflung ?

Nun, oberflächlich betrachtet mag man der Meinung sein, das seien in etwa die Gründe.
Ich habe die Frage nach der Besonderheit dieser Menschen wissenschaftlich untersucht.

Unter Zuhilfenahme von 68 Dosen Adelskrone Edelsdröhnung, 3 Flaschen "Jimm
Bimm" (?) und 16 Dornkaat gelang es mir, einen der Kioskbelagerer in vorübergehende
Bewegungsunfähigkeit zu versetzen (17 Minuten). Diese Zeitspanne reichte aus, um die
Spezies einer eingehenden neurologischen Untersuchung zu unterziehen.

Das Elektroenzephalogramm (EEG) zeigte keinerlei Hirnströme an, übrigens auch im
nüchternen Zustand nicht. Daraufhin wurde das Gehirn des Belagerers einer Computer-
tomographie unterzogen. Dabei stellte sich heraus, daß der Belagerer über 52 Knochen
mehr als der normale Mensch verfügt. Sein Gehirn arbeitet noch mechanisch.

Diese sensationelle Erkenntnis habe ich an die Redaktion von STERN-TV verkauft.
STERN-TV kauft immer gern.
Thema des Beitrags im Fernsehen war dann: Die Evolutionslücke - wie konnte das
geschehen ?

Als nächstes habe ich mich einer anderen medizinischen Frage zugewandt:
Worauf beruht die Wirkungsweise der Fußreflexzonenmassage ?
Dabei habe ich herausgefunden, daß sich sämtliche inneren Organe des Menschen
in den Füßen befinden, <u>entgegen</u> bisheriger schulmedizinischer Vermutung.
Außerdem habe ich herausgefunden, daß Akupunktur-Patienten grundsätzlich
an nichts anderem leiden als Überdruck.

Meine Enthüllungsrecherchen beschränken sich allerdings nicht auf die Medizin.
Auch die Geschichtsschreibung erbebt unter meinen Erkenntnissen.
So bin ich dem wahren Wesen von Losbudenbetreibern auf dem Rummelplatz
auf die Schliche gekommen. Ich konnte mir nie vorstellen, daß die Losbudenbetreiber
auf dem Jahrmarkt freiwillig vor ihren Plüschtieren hin- und herrochieren, den immer
gleichen Text abspulen und Lose verkaufen.
Das ist auch nicht so.

Bei den Losbudenbetreibern handelt es sich um die Architekten der Pyramiden,
denen vor 2000 Jahren die Götter für ihr Werk danken wollten.

Und es begab sich zu einer fernen Zeit, als der Sonnengott Ra sich von seinem Lager
erhob und also ergo sprach zu den Architekten: "So gehet hin in Gnaden, ihr Sterblichen,
und verkaufet Lose auf den Jahrmärkten der Welt. Und wenn es geschehe, daß ein
anderer kaufet das große Los, das allein den Hauptgewinn verspricht, so sollet ihr
einziehen in die Phalanx der Götter. Und ihr sollet speisen vom feinsten und die
schönsten Frauen sollen um euch sein und es sollen täglich Orgien sein drei Stück,
und wenn ihr Suff wollt, so soll auch dies geschehen."

Das ließen sich die Architekten der Pyramiden nicht zweimal sagen.....

Also handelt es sich bei den Losbudenbetreibern um Untote, die seit 2000 Jahren
auf der Erde herumirren auf der Suche danach, daß endlich irgendwer den Hauptgewinn zieht.
Allerdings hat ihnen der Sonnengott Ra verschwiegen, daß es das große Los
gar nicht gibt.
Der gute, alte Ra war ja schon immer als Spaßvogel bekannt.

Die Bild-Zeitung hat die Geschichte unbesehen gekauft.

In der vergangenen Woche habe ich übrigens aufgedeckt, daß David Copperfield
gar nicht zaubern kann.

Auch die jüngere Zeitgeschichte ist gegen meine Ermittlungen nicht gefeit;
ich habe soeben die absolut echt originalen und leibhaftigen Tagebücher von
Adolf Hitler aufgestöbert. Garantiert ehrlich echt.

Aus diesen Tagebüchern geht zweifelsfrei hervor, daß Deutschland den 2. Weltkrieg
gewonnen hat, und zwar mit 3 : 0.

Seitdem steht bei mir das Telefon nicht mehr still.
Der STERN ruft dauernd an.

Schmeiß' doch einfach den Trainer 'raus !

Bei meinen zahllosen Treffen
mit den Großen dieser Welt bin
ich einmal auf Franz Beckenbauer
gestoßen.
Dabei ist mir aufgefallen, daß Franz
Beckenbauer, der es geschafft hat,
als Spieler und als Trainer Fußball-
Weltmeister zu werden, beim Gehen
etwa 5 cm über dem Boden schwebt.

Diese Begegnung mußte ich nutzen,
um ein Geheimnis zu ergründen, daß
mir schon geraume Zeit Kopfzerbrechen
bereitet hatte: Wieso wird eigentlich immer
der Trainer 'rausgeschmissen ?

Ich: "Herr Beckenbauer! Gut, daß ich Sie treffe. Ich habe da 'mal eine Frage:
      Wieso wird eigentlich immer der Trainer 'rausgeschmissen ?"

Beckenbauer: "Ja, gut, ich sachma: Wie meinen Sie das ?"

Ich: "Ich habe den Eindruck, daß in der Fußball-Bundesliga bei Problemen aller Art
      in irgendeinem Verein zunächst einmal der Trainer entlassen wird. Ist das vielleicht
      eine Art Reflexreaktion ?"

Beckenbauer: "Das stimmt so nicht."

Ich: "Wie stimmt es dann ?"

Beckenbauer: "Es kommt darauf an. Angenommen, der Vereinspräsident macht
              irgendeinen Fehler. Dann wird der Trainer entlassen."

Ich: "Das verstehe ich nicht."

Beckenbauer: "Das dachte ich mir. Sehen Sie: Wenn die Spieler in einem wichtigen Spiel
              Murks gemacht haben, dann fliegt der Trainer 'raus."

Ich: "Warum werfen Sie dann nicht einige Spieler 'raus ?"

Beckenbauer: "Das geht aus zwei Gründen nicht. Erstens wäre das viel zu teuer, wegen
              der Abfindungen. Zweitens haben wir unsere Aufstellung für das nächste
              Spiel schon an den DFB gemeldet."

Ich: "Ja, natürlich. Wenn sich der Finanzchef eines Vereins beispielsweise als unfähig
      herausstellen sollte: Was passiert dann ?"

Beckenbauer: "Dann muß der Trainer gehen."

Ich: "Ist der Trainer denn für alles verantwortlich, was im Verein geschieht ?"

Beckenbauer: "Nicht ganz, aber für das meiste. Wir haben das auch schriftlich festgelegt.
In § 4 des Vertrags mit unserem Trainer findet sich folgender Passus:
.....''Wann immer im Verein etwas passiert, wofür der Trainer nicht
verantwortlich ist, ist der Trainer dafür verantwortlich."

Ich: "Verstehe. Daher die vielen Trainerentlassungen. Was geschieht, wenn der Trainer
selbst einen Fehler macht, also etwa während des Spiels einen vierten Ausländer
einwechselt ?"

Beckenbauer: "Das sehen wir nicht so eng. Schließlich wird der Trainer schon für die
Fehler aller anderen im Verein verantwortlich gemacht. Da können wir ihm
nicht auch noch seine eigenen Fehler anlasten. Das wäre einfach zuviel.
Das verkraftet kein Trainer."

Ich: "Jou. Ich habe noch eine letzte Frage an Sie, Hoheit. Wie ist es zu erklären, daß der
FC Bayern München seinen Trainer Trapatoni erst entlassen und dann später erneut
engagiert hat ?"

Beckenbauer: "Wir sind dieser Frage auch nachgegangen und haben einen Untersuchungs-
ausschuß eingesetzt. Nach vorläufigen Erkenntnissen war es so, daß Herr
Trapatoni beim zweiten Mal von uns irrtümlich eingestellt wurde.
Niemand hat ihn erkannt. Er sprach deutsch."

Ist Ihnen eigentlich schon einmal aufgefallen,
daß Politiker gerne unangenehmen Fragen
ausweichen und statt dessen auf Fragen antworten, die ihnen gar nicht gestellt worden
sind ? Wahrscheinlich liegt das daran, daß
Politiker ganz eigene Vorstellungen davon haben,
welche Fragen ihnen gefälligst gestellt zu werden
haben sein sollen.

Im Falle von Helmut Kohl ist das ganz genauso.
Allerdings kommt für den Journalisten in diesem
Fall strafverschärfend hinzu, daß Helmut Kohl den
Fragen nicht nur ausweicht; er antwortet in Tateinheit
damit mit Aussagen, die an Allgemeingültigkeit nicht zu
überbieten sind.

Auch Klaus Bresser mußte mehrfach diese Erfahrung
machen. In seinem politischen Magazin "Journalisten fragen -
Politiker antworten nicht" hat er heute Bundeskanzler
Helmut Kohl zu Gast.

Bresser: "Herr Bundeskanzler, bei den Steuerreformen der letzten Jahre war es regel-
          mäßig so, daß bestimmte kleinere Personengruppen positiv oder negativ
          betroffen waren. Beim Durchschnittsverdiener hat sich in der Regel nichts
          oder fast nichts im Portemonnaie geändert. Verdienen die Steuerreformen
          dann überhaupt ihren Namen noch ?"

Kohl: "Soziale Gerechtigkeit betrifft uns alle, auch Sie, Herr Bresser. Und ich sage das
       in aller Deutlichkeit."

Bresser: "Können Sie den Begriff "Soziale Gerechtigkeit" definieren ?"

Kohl: "Nein. Aber sie ist wichtig."

Bresser: "Herr Bundeskanzler, wir haben rund 5 Millionen Arbeitslose in Deutschland.
          Welche Ansätze zur Verbesserung der Situation verfolgen Sie ?"

Kohl: "Es ist immer gut, wenn einer Arbeit hat. Dann sitzt er nicht auf der Straße,
       wo er ja sowieso nur den Verkehr behindert."

Bresser: "Was können wir tun, um die enorme Staatsverschuldung abzubauen ?
          Kommen neue Steuererhöhungen auf uns zu ?"

Kohl: "s' Hannelore macht mir immer lecker Saumagen, mit Knödeln anbei."

Bresser: "Glauben Sie, daß das Entsendegesetz auf dem Bau für Lohnsicherheit
          sorgen wird ?"

Kohl: "Ein Haus zu bauen, ist eine Aufgabe, wie sie in der Gechichte immer wieder vorgekommen ist. Die Gechichte hat ja überhaupt den Hang zum Ereignis."

Bresser: "Herr Bundeskanzler, denken Sie zur Finanzierung von Zukunftsaufgaben auch an eine Streichung von Subventionen, zum Beispiel bei der Kohle ?"

Kohl: "Für einen Kohleofen - und ich sage das in aller Deutlichkeit - braucht man in diesem, unserem Lande Kohle. Das sollten Sie aber wissen, Herr Bresser."

Bresser: "Ja. Wie lange wird es Ihrer Ansicht nach dauern, bis die Verhältnisse in Ostdeutschland denen in Westdeutschland angeglichen sind ?"

Kohl: "Im Osten von diesem, unserem Lande, also auch von Ihrem, blühen die Landschaften."

Bresser: "Wie ist es zu erklären, daß alle Ihre parteiinternen Kritiker, etwa Rita Süßmuth oder Heiner Geißler, jetzt keine entscheidende politische Rolle mehr spielen ?"

Kohl: "Die kämpfen alle nicht in meiner Gewichtsklasse, hehe !"

Bresser: "Herr Bundeskanzler, fällt Ihnen und dem Kabinett bei der Gestaltung des Bundeshaushalts außer Sparen überhaupt noch etwas ein ?"

Kohl: "Wir alle müssen sparen. Sparen ist eine deutsche Tugend."

Bresser: "Werden Sie bei der nächsten Diätenrunde auch wieder für eine Erhöhung stimmen ?"

Kohl: "Na, aber sicher doch, Du kleines Dummerle."

Die Super Small Talk Show

Der Zufall will es, daß mir die Themenliste
der nächsten Sendungen von Arabella Kiesbauer
in die Hände gefallen ist.

Möge ein jeder selbst entscheiden,
ob ihn die Themen interessieren.
Mich persönlich interessiert das
letzte Thema brennend.

1.   Keiner will mich heiraten !

2.   Ich bin verheiratet - Was kann ich dagegen tun ?

3.   Meine Beine sind zu sexy

4.   Ich sehe aus wie eine Teppichrolle

5.   Ich will eine Jungfrau heiraten

6.   Jungfrauen: Was ist das ?

7.   Mein Hund spricht nicht mehr mit mir

8.   Ich habe jeden Tag Sex - bin ich pervers ?

9.   Ich habe gar keinen Sex - wer ist perverser ?

10. Mein Mann geht fremd und ich weiß davon

11. Mein Mann geht fremd und ich weiß nichts davon

12. Ich kriege jede Frau und find's voll cool

13. Ich will keine Frau, aber schwul sein ist noch doofer

14. Hilfe, ich bin sexsüchtig !

15. Hilfe, ich bin <u>nicht</u> sexsüchtig - Wie kann ich es werden ?

Wie konnte das nur passieren ?

Vor einigen Tagen habe ich mich
bei einem japanischen Unternehmen
beworben. Unter dem Eindruck zahl-
loser Bewerbungsschreiben haben sich
die Arbeitgeber einige neue Verfahren
ausgedacht, mit denen sie ihre Kandidaten
testen.
Aber ich war gut vorbereitet.

Es begann mit ein paar einfachen Übungen: Ich trug meinen bisherigen Werdegang
auf englisch vor und legte dar, welche Motive ich jeweils hatte, wenn es zu einem
beruflichen Wechsel gekommen war. Anschließend trug ich auf dem Konferenztisch
meinen kleinen, selbstchoreographierten Steptanz vor, zur musikalischen Begleitung
von "Lollipop". Danach zog ich mich um und zelebrierte in meinem selbstbemalten
Seidenkimono eine traditionelle, japanische Teezeremonie.

Danach wurde es ein wenig schwieriger: Per Videokonferenz wurde ich dem japanischen
Parlament zugeschaltet, das gerade über Handelsbeschränkungen gegen die USA
debattierte. In nicht ganz akzentfreiem, aber fließenden Japanisch wandte ich mich
an die Abgeordneten und sprach mich entschieden gegen amerikanische Gegenmaß-
nahmen in diesem Handelsstreit aus.

Nachdem mir - in Anschluß daran - Puls und Blutdruck gemessen wurden, führte ich
in der nahegelegenen Turnhalle meine Kür am Reck vor, die ich eigens zu diesem
Anlaß einstudiert hatte. Das gelang recht gut.

Nicht ganz so gut gelang mir dann der 100 Meter-Sprint, bei dem ich mich mit müden
13,8 Sekunden begnügen mußte. Jetzt wurden mir zu Kontrollzwecken noch einmal
Puls und Blutdruck gemessen, sowie Blut abgezapft.

In der letzten Runde des Bewerbungsreigens mußte ich mich im Kendo, einem
traditionellen Stockkampf, mit dem Personalchef messen. Vor dem Kampf wurde
mir erklärt, daß es im Kendo auf die formal korrekte Ausführung der Schläge ankommt.

Für mich als Bewerber konnte das nur bedeuten, mir möglichst oft formal korrekt
auf die Rübe prügeln zu lassen.
So war es denn auch.

Abschließend hatte man noch einen kleinen Sumo-Ringkampf gegen den hauseigenen
Mastspezialisten für mich parat. Dabei zog ich mir nach einem harten Griff des Gegners
an meinem einzigen Kleidungsstück einen beidseitigen Murmelklemmling zu.

Die Damen und Herren, die mich beobachtet hatten, dankten mir höflich und versicherten,
ich würde in den nächsten Tagen von ihnen hören. Bleich und geschwächt hinkte ich in
Richtung Ausgang.
Aus dem Job ist dann übrigens doch nichts geworden; ich hatte bei meiner Kür am Reck
den Sukahara vergessen.
Das hätte mir bei einer japanischen Firma natürlich nicht passieren dürfen.....

Die Konjunktur, das zweifelhafte Wesen

Die Konjunktur ist in der Wirtschafts-
wissenschaft ein Phänomen, das mehr
Rätsel aufwirft, als es Fragen beantwortet.

Soweit Einflüsse aus dem Ausland ausgeschlossen werden, ist man sich in der Wissenschaft
darüber einig, daß die Investitionen in Bezug auf die Konjunktur die Hauptrolle spielen.
Allerdings stellt sich - wie bei der Henne und dem Ei - die uralte Frage, was zuerst da
war. Regen die Investitionen die Konjunktur an oder ist es etwa umgekehrt ?
Es scheint mir, als wenn es sich weniger um ein wirtschaftliches als um ein psychologisches
Problem handelt.

Nach diesem kleinen Ausflug in die Wissenschaft wollen wir uns nun ernsthaft mit dem
Thema befassen:

Zunächst einmal befindet sich die Konjunktur fest in den Händen der Lieblingsfrau des
Sultans von Brunei. Wenn die Lieblingsfrau zum Beispiel beschließt, daß sie unbedingt
den größten Diamanten der Welt besitzen muß, dann muß sogar dieser sagenhaft reiche
Mann seinen Lebensstil einschränken - oder er erhöht den Ölpreis.

Die anderen ölfördernden Staaten, zusammengeschlossen in der Öpec (Ölpreis-
erhöhungsclub), tun das gleiche.
Auf diese Weise knickt in den Industriestaaten die Konjunktur ein, also auch in
Deutschland. Wie sich am Konjunkturverlauf in den 70er Jahren ablesen läßt,
hat die Lieblingsfrau in diesem Jahrzehnt zweimal ganz besonders kostspielige
Spielzeuge gebraucht. Diese Zwischenfälle gingen als erste und zweite Ölkrise
in die Geschichte ein.

Also gilt es, im Inland die Investoren und im Ausland die Lieblingsfrau des Sultans
von Brunei bei Laune zu halten, wegen der Konjunktur. Vielleicht sollten wir eine
kleine Party arrangieren, investormäßig und lieblingsfraumäßig gesehen; allerdings
könnte es ein, daß dann der Sultan mächtig stinkig wird und die Ölpreise erhöht.

Es ist ein schwieriges Problem....

Heute nacht hatte ich eine Art Alptraum. Die leibhaftige Konjunktur ist mir begegnet.
Schlotternd und fahl stand sie vor mir, richtig ausgemergelt. Sie hatte ein graues Nacht-
hemd an und hatte tiefe Ringe unter den Augen.

"Wie geht es Dir ?" fragte ich die Konjunktur.
"Oh, nicht so gut." antwortete sie, "Früher ging es mir besser. Groß und stark war ich,
damals, in den goldenen 60ern. Ja, das waren noch Zeiten."

Und tatsächlich: Ihre funkelnden Augen zeigten, wie stark sie einmal gewesen war,
und so lebendig.

"Du hast abgenommen" stellte ich fest.
"Ja, das stimmt. Mir geht es seit langer Zeit nicht so gut.

Außerdem macht mir zu schaffen, daß es meinen Kolleginnen aus Asien auch so schlecht geht."

Bei näherem Hinsehen konnte ich ausmachen, daß die Konjunktur zahlreiche Einstiche in den Armbeugen hatte. Sie sollte doch nicht etwa.....

"Bist Du irgendwie in ärztlicher Behandlung ?" fragte ich sie.
"Nunja, früher bin ich oft behandelt worden. Das hat nachgelassen. Ich habe diese
 Spritzen trotzdem nicht vertragen."
"Was denn für Spritzen ?"
"Naja, ich war in Behandlung bei diesem Dr. Keynes. Der hat mir immer diese
 Finanzspritzen verordnet. Die haben immer nur kurz geholfen. Und jetzt...."
"....bist Du süchtig ?"
"Ja, ich brauche das Zeug. Aber seit vielen Jahren kriege ich kaum noch etwas."
"Bist Du immer noch in Behandlung ?"
"Ja, jetzt bei diesem Dr. Waigel. Fürchterlich."
"Was macht der ?"
"Der behauptet immer, daß er mir helfen will. Dann zapft er mir literweise Blut ab
 und macht sich aus dem Staub. Mein Blutdruck ist kaum noch fühlbar."

Die arme Konjunktur. Kein Wunder, daß es ihr so schlecht geht.

Bleich und zitternd wand sie sich ab und zog sich in ihre Höhle zurück.
Immer diese Quacksalber !

Was es heißt, ein Star zu sein

Immer und immer wieder
habe ich mich gefragt,
was einen Star zum Star macht.
Es will und will mir einfach nichts
Gescheites einfallen.

Für Stars ist es typisch, daß sie im Geld schwimmen. Das gilt für Filmschauspieler,
Operntenöre und Topmodels. Das Geld allein macht einen Star aber nicht aus.
Es gibt schließlich auch reiche Geschäftsleute.

Stars sind außerordentlich populär und einem Millionenpublikum bekannt.
Auch das ist nicht unbedingt kennzeichnend für einen Star, weil das meinetwegen auch auf das englische Königshaus zutrifft.

Stars jetten um die Welt und verbringen den Winter immer da, wo gerade die Sonne
scheint. Nun, das war bei Leuten wie Onassis oder Kashoggi wahrscheinlich auch
nicht anders.

Vielleicht ist man erst dann ein Star, wenn die Paparazzi hinter der Villa lauern, auf
der Jagd nach dem absolut unbezahlbaren Schnappschuß. Ich weiß nicht.
Bei jemandem, der verdächtigt wird, mit Stefanie von Monaco ein verfängliches
Verhältnis zu haben, ist das ganz sicher auch so.

Selbst die Verleihung eines Oscars macht nicht unbedingt den Empfänger zum Star.
Es gibt einigermaßen unbekannte Oscar-Preisträger, vor allem für Filmmusik, Schnitt,
Ausstattung, special effects oder dergleichen.
Also ist noch nicht einmal der Oscar ein zuverlässiger Gradmesser dafür, wer ein
Star ist und wer nicht.

Vielleicht ist es viel ergiebiger, wenn wir uns einzelne Stars und ihr Verhalten
anschauen:
Nehmen wir zum Beispiel Bon Jovi. Von Bon Jovi wird berichtet, daß er vor einem
Konzert in London beschloß, nach Los Angeles zu seinem Friseur zu fliegen, um seine
Haare noch ein wenig wuscheliger machen zu lassen.
Vielleicht ist Bon Jovi in dieser Hinsicht nicht ganz fit in der Birne.
Aber auch das haben die Stars keineswegs für sich gepachtet.

Kommen wir nun zu James Brown. James Brown landete einmal im Gefängnis,
weil er mit seinem Auto im Drogenrausch auf dem Freeway herumgeeiert war;
so ganz nebenbei schoß er mit einem Revolver planlos um sich.

Zu diesem Verhalten ist zweierlei zu sagen:
Erstens kann James Brown schon deswegen kein echter Star sein, weil er dafür ins
Gefängnis mußte. Zweitens ist sinnloses Herumfahren im Drogenrausch und die
zwanglose Verbreitung von Kugelhagel die ganz normale und alltägliche Freizeit-
beschäftigung aller Gang-Mitglieder in South Los Angeles und anderswo.
Das kann es also auch nicht sein.

Von Demi Moore wird berichtet, daß sie ihren Ehemann Bruce Willis nur dann hereinläßt, wenn er sein Toupet nicht trägt.

Dazu kann ich nur sagen: Ein Mann, der aussieht wie Bruce Willis, kann froh sein, daß eine Frau, die aussieht wie Demi Moore, ihn überhaupt hereinläßt.
Auch ins Haus natürlich.

Wenden wir uns jetzt einmal der Rockband Van Halen zu.
Über die Jungs von Van Halen wissen die Kolumnisten, daß sie ihren Manager gezwungen haben, jedem von ihnen nach dem Konzert einen Riesenbecher Smarties hinzustellen. Der Manager muß allerdings höchstpersönlich die braunen Smarties vorher aussortiert haben.

Auch das überzeugt mich irgendwie nicht.

Kommen wir abschließend zu Julia Roberts.
Im Radio war über Julia Roberts zu hören, daß sie folgendes gemacht hat:
Sie saß hinten in einer gemieteten Luxuslimousine und es war ihr zu warm.
Daraufhin griff sie zum Telefon und rief ihren Agenten an. Der Agent rief seiner-
seits ihren Filmproduzenten an. Der, nicht faul, rief den Limousinenverleih an.
Und der rief dann den Chauffeur des Autos an, in dem Julia Roberts saß.
Am Schluß drehte dann der Fahrer die Klimaanlage höher.

Das überzeugt mich noch am ehesten.
So etwas kann sich nur ein Star erlauben, ohne für plemplem erklärt und in die Klapse eingewiesen zu werden.

Wenn Sie aber kein Star sein sollten, dann rate ich Ihnen, sich derart schwachmatige Ideen ganz fix von der Backe zu putzen.

Gelegentlich wird mein Realitätssinn
durch Erscheinungen auf die Probe
gestellt, die es gar nicht gibt oder
zumindest nicht geben dürfte.
Manchmal ist es richtig unberuhigend,
wenn man über so etwas nachdenkt.

Ich habe einmal einen etwa 63jährigen Buchhalter kennengelernt, der Mundgeruch
hatte und in etwa das Temperament einer defekten Stereoanlage. Dieser Buchhalter
war derart langsam und unbewegt, daß die von ihm ausgehenden Lebenszeichen nur
mit größtem technischen Aufwand aufgefangen werden könnten. Früher einmal soll er
sogar gesprochen haben.

Ich hatte den Eindruck, als wenn ihn nichts aus seiner Ruhe bringen könnte.
Da hatte ich mich aber getäuscht: Eines Tages kam sein Chef in sein Büro und teilte
ihm irgend etwas mit. Er antwortete (!) und wandte sich wieder seinem Computer zu.
Plötzlich, einige Sekunden später, fiel ihm ein, daß er dringend noch etwas fragen
müßte. Sein Chef war schon aus seinem Büro hinausgegangen. Da verfiel er in einen
unbeholfenen Galopp, wie ein junges Fohlen, seinem Herrn und Meister hinterher.
Da drehte sich sein Chef plötzlich um, weil er Pferdegetrappel gehört zu haben
glauben meinte. In diesem Augenblick scheute der Buchhalter zurück, wie ein
Springpferd vor dem Hindernis.

Was hatte ihn derart beunruhigt, daß er so in Fahrt gekommen war ?
War es die folgende Mitteilung seines Chefs:

a) "Ihre Frau hat angerufen. Sie sagt, daß sie auf die schwarze Reizwäsche keine Lust
    mehr hat."

oder

b) "Ihr kleiner Sohn hat angerufen. Er sagt, er hätte gerade seine Schwester angezündet."

oder

c) "Ihre Tochter hat angerufen. Sie läßt fragen, ob man mit 12 schon schwanger
    werden kann."

Tja, was war es wohl ? Wir werden es nie erfahren.

Es gibt noch andere rätselhafte Dinge, etwa die Mißhandlung meines Autos.
Ich parke mein Auto immer draußen, damit es am natürlichen Wechsel der Jahres-
zeiten teilhaben kann. Und genauso, wie der Sommer eines Tages verschwindet,
verschwinden auch meine Radkappen, meine Antenne und der einwandfreie
Autolack. Mit dem abgebrochenen Ende der Antenne mir mir dann immer auch noch
demonstriert, wie scharfkantig die Bruchstelle ist. Ich habe ziemliche Schwierigkeiten,
den finanziellen, sexuellen oder humoristischen Reiz eines solchen Vorgehens mental
zu erfassen.

Was mich dabei besonders ärgert, ist der Umstand, daß andere Autos viel einladender sind als meins: viel längere Antennen, viel rundere Radkappen, und dann auch noch Metallic-Lack.

Aber nein: Das einzige Auto, das ständig durch die Mühle gedreht wird, ist meins. Wenn bei den anderen Autos die Türen offenstehen und der Zündschlüssel stecken würde, ja, was hätte das dann zur Folge ? Daß mir die Radklappen geklaut und der Lack zerkratzt wird.

Woran liegt das bloß ? Warum ist immer _mein_ Auto betroffen ? Vielleicht liegt es daran, daß ich mich am meisten darüber ärgere.

Nehmen wir ein anderes Beispiel: Nach dem derzeitigen Erkenntnisstand der Aerodynamik kann die Boeing 747, also der Jumbo, eindeutig nicht fliegen. Daß er trotzdem fliegt, erkläre ich mir damit, daß der Pilot ganz feste davon überzeugt ist, _daß_ er fliegt. Es liegt also allein an der Willenskraft des Piloten. Anders kann ich mir es nicht erklären.

Hummeln können übrigens auch nicht fliegen. Das liegt an ihrem gedrungenen Körperbau und der ungünstigen Anordnung der Flügel. Bei den Hummeln erkläre ich mir ihren regen Flugbetrieb damit, daß sie nicht wissen können, daß sie nicht fliegen können. Das hilft.

Vielleicht sollten wir uns nicht zu sehr über flugunfähige Fluggeräte wundern; schließlich regieren die Politiker ja auch fleißig drauflos. Ich bin übrigens der Ansicht, daß sich ein Politiker, der seinen Job nicht beherrscht, mindestens so lächerlich macht wie ein Exhibitionist ohne Mantel.

Zwischen dem Jumbo einerseits und den Politikern andererseits sehe ich prinzipiell den Unterschied, daß der Jumbo vor Aufnahme des Betriebs einer eingehenden Prüfung unterzogen wurde.

Politiker aber kann jeder werden, sogar ich. Stellen Sie sich das mal vor !

Kommen wir nun, nachdem sich das Gelächter gelegt hat, zu einer weiteren paradoxen Erscheinung: Boris Jelzin. Wie allgemein bekannt ist, leidet Boris Jelzin an einer mittelschweren Leberzirrhose. Nun soll er also operiert werden. Soweit ich informiert bin, ist die Chirurgie in Rußland recht fortschrittlich. Mir war bisher allerdings nicht klar, daß die Chirurgie dort schon so weit fortgeschritten ist, daß man Erkrankungen an der Leber durch eine Herz-operation beheben kann. Alle Achtung !

Die Wahrheit über den Wein

Über den Wein sollen Sie jetzt endlich
einmal die Wahrheit erfahren.
Sogenannte Weinkenner faseln uns
immer wieder die Ohren voll,
von wegen was beim Wein alles
wichtig ist. Alles Mumpitz.
Jetzt erfahren Sie von mir als
führendem Experten endlich
die Wahrheit über den Wein.

Einen guten Wein erkennt man auf den ersten Blick schon an der Verpackung.
Guter Wein wird geliefert in Plastikkanistern oder -flaschen nicht unter 2,5 Litern
Inhalt. Damit wird vermieden, daß etwa der Korken einer Flasche den Geschmack
verfälscht und Reste davon nach dem Trinken zwischen den Zähnen ihre Zelte
aufschlagen.

Beim Schraubverschluß der Kanister ist zu beachten, daß er exakt die gleiche Farbe
hat wie der Wein, der sich im Kanister befindet. Haben Wein und Verschluß nicht die
gleiche Farbe, besteht die Gefahr, daß man Ihnen ein minderwertiges Getränk unter-
jubeln will. Also Vorsicht !

Der Schraubverschluß ist schon wegen der Aromaversiegelung wichtig; bei verkorkten,
also minderwertigen, Ausführungen entweicht dem Wein Aroma und Alkohol.
Dabei ist beides doch so essentiell.

Auch der Preis ist wichtig: Ein Wein, der ernstgenommen werden will, darf keinesfalls
DM 5,45 pro Kanister übersteigen, also DM 1,09 je Liter. Alles andere ist allenfalls
für Snobs das Richtige.

Wein muß grundsätzlich Zimmertemperatur haben, also um 20°. Sollten Sie kälte-
empfindliche Zähne haben, werden Sie mir noch einmal dankbar sein.

Einen guten Wein erkennen Sie übrigens auch an seinem Verhalten beim Eingießen
ins Glas. Wenn er dabei nicht heftig schäumt, haben Sie irgendetwas Falsches
gekauft. Schließlich ist Wein ein typisches Erfrischungsgetränk, wie man es an heißen
Tagen nach dem Sport gerne auf nüchternen Magen genießt.

Sie sollten übrigens unbedingt vermeiden, vor oder beim Weintrinken zu essen.
Sonst kommen Sie nie in den Genuß der Spätfolgen, die ja unbedingt dazugehören.
Es wäre doch schade, wenn Sie schon am nächsten Tag vergessen haben, was Sie
am Abend vorher getrunken haben.

Auf Belanglosigkeiten wie Rebsorte, Winzer, Anbaugebiet und Jahrgang brauchen Sie
schon deswegen nicht zu achten, weil ein guter Wein prinzipiell eine ausgewogene
Mischung aller Faktoren aufweist und mit reichlich Harz abgerundet wird.
Vertrauen Sie nie einem Wein, der nur aus einer Rebsorte stammt, von nur einem
Weingut, aus nur einem Jahrgang usw. Der ist zu einseitig.

Wenn Sie auf die erfrischende Wirkung des Weins Wert legen, kann ich nur empfehlen, ihn mit einem Viertelliter Red Bull zu mischen. Da spannt sich der Muskel, die Aggressionen verstärken sich und die Pupille weitet sich angenehm - also die besten Voraussetzungen, wenn man anschließend noch Auto fahren muß.

Sollte ein Wein Ihnen einmal zu süß sein, so empfehle ich, ihn mit der übriggebliebenen Flüssigkeit aus dem Gurkenglas abzuschmecken. Ist er zu sauer, dann ist dem Problem schnell mit Cola abgeholfen.

Von alten Weinen ist übrigens grundsätzlich abzuraten; durch fortlaufende Gährung steigt in diesen Fällen der Alkoholgehalt schnell auf 107 %. Und wer will das schon ? Außer den Leuten am Kiosk natürlich.

Das Allerwichtigste sei am Schluß erwähnt: Einen wirklich erlesenen Wein erkennen Sie daran, daß sich _unter_ dem Schraubverschluß eine eingeschweißte Kopfschmerztablette befindet. Diese Tablette läßt einen viel ungezwungener Wein trinken, als wenn man sie nicht hätte.

Außerdem ist diese Tablette von entscheidender Bedeutung für die Sicherheit am Arbeitsplatz. Man denke an den Fall Tschernobyl. Ich bin mir sicher, daß in den Schraubverschlüssen der Wodka-Flaschen, die die Ingenieure in dem Kernkraftwerk am Abend vor der Katastrophe getrunken haben, _keine_ Kopfschmerztabletten gewesen sind.

Rußland ist eben immer schon ein wenig rückständig gewesen.

Ein Tag im Leben des Friedrich Hennemann

Friedrich Hennemann ist der Ex-Chef des
Werftenkonzerns Bremer Vulkan, der vor
kurzem Konkurs anmelden mußte.
Aufgrund der scharfen Konkurrenz aus Korea
und Japan wurde der Konzern mit vielen hundert
Millionen subventioniert. Friedrich Hennemann hatte
versucht, dem Konzern neue Geschäfte zu erschließen
und in eine viel höhere Größenordnung zu führen.
In seiner unnachahmlichen Weitsicht ist es ihm dabei
gelungen, den Konzern in Rekordzeit an die Wand
zu fahren.

Außerdem wird ihm vorgeworfen, Subventionsmillionen,
die für Vulkan-Werften in Ostdeutschland bestimmt waren,
im Westen verwendet zu haben. Zum Teil ist der Verbleib
der Gelder gänzlich ungeklärt. In diesem Zusammenhang
kam besonders die Abteilung "Zentrales Cash-Management"
ins Gerede.

Friedrich Hennemann selbst ist sich keiner Schuld bewußt.
Bis heute ist er fest davon überzeugt, daß der Konzern
kerngesund, er selbst über jeden Zweifel erhaben und die
Erde eine Scheibe ist.
Hier ein typischer Tagesablauf von Friedrich, dem Großen,
aus den letzten Tagen seiner Amtszeit:

6:00	Aufgestanden.
6:05	Frau angepöbelt. Sie soll gefälligst Frühstück machen, und zwar eins, daß eines Vorstandsvorsitzenden würdig ist.
6:30	Den Kindern das Monatstaschengeld abgezählt auf den Tisch gelegt. Schon wieder 2 Mark verschwendet.
6:40	Dem Chauffeur gezeigt, daß Überholen an der roten Ampel eben <u>doch</u> möglich ist.
7:00	Ankunft im Büro. Entgegennahme der Hymne von den niederen Angestellten: "Friedrich, wir danken Dir für Deine Arbeit hier."
7:10	Den Pförtner zurechtgewiesen. Der rote Teppich war ausgefranst und der Lorbeerkranz war welk.
7:20	Mit der Treuhand-Nachfolgerin BvS (Bundesanstalt für vereinigungs- bedingte Sonderaufgaben) telefoniert und nachgefragt, wo die Subventionen bleiben, verdammt noch mal !
9:00	Die Abteilung "Bermuda-Dreieck" (Zentrales Cash-Management) besucht und mitgeholfen, Geldscheine abzustempeln: "Nicht für die Verwendung in

Ostdeutschland geeignet."

10:05	Wirtschaftsminister Rexrodt angerufen und ihm den Lauf der Welt, die Wirtschaft und die Notwendigkeit von Subventionen erklärt.
11:20	Festgestellt, daß die Schiffe zu groß und die Werft zu klein sind und daraufhin flugs drei Firmen gekauft. Bar bezahlt.
12:40	Journalisten abgespeist. Wollten Informationen über Kostendeckung (vertraulich), Geschäftspolitik (geheim) und Finanzierungsmethoden (streng geheim).
13:42	Zum Seminar angemeldet: "Höhenflüge leicht gemacht" (für Fortgeschrittene).
14:35	Polizeischutz angefordert.
15:48	Den Vergleichsverwalter hinausgeschmissen.
16:43	Nach Nichtauslieferungsabkommen mit Paraguay erkundigt.
17:15	Dem Konkursverwalter die grandiose Geschäftslage dargelegt.
18:45	Massenentlassungen angekündigt.
19:10	Unter Polizeischutz an einer Demonstration der Werftarbeiter teilgenommen. Lauthals gefordert: "Rettet die Arbeitsplätze !"

Ich kann Herrn Hennemann nur dringend empfehlen, sich baldmöglichst einer gesundheitlichen Untersuchung zu unterziehen. Besonderes Augenmerk würde ich dabei auf die neuronale Verschaltung richten.

Zu unserer größten Zufriedenheit

Bisher war es in Arbeitszeugnissen üblich,
daß die Arbeitgeber negative Erscheinungen
an ihren Mitarbeitern verschlüsselt formuliert
haben. Dabei konnten aber durchaus Mißver-
ständnisse auftreten, weil mitunter unklar war,
wie solche verklausulierten Feststellungen zu
verstehen waren.
Um derlei Mißverständnissen in Zukunft aus
dem Weg zu gehen, haben die Arbeitgeber
jetzt ihre Zurückhaltung aufgegeben und sind
dazu übergegangen, sich deutlicher auszudrücken,
ohne allerdings in persönliche Beleidigungen zu
verfallen.
Das folgende Arbeitszeugnis bezieht sich auf
Frau Schreyvogel, die nach dreijähriger Arbeit
als Buchhalterin im Kreditorenbereich, also im
Einkauf, aus einem größeren Unternehmen
ausscheidet.

ZEUGNIS

Frau Schreyvogel hat in unserem Unternehmen von Anfang 1994 bis Ende 1996 als
Buchhalterin im Kreditorenbereich gearbeitet. Wie wir schon kurz nach der Einstellung
feststellen konnten, hat Frau Schreyvogel zu ihrer Arbeit eine eigentümliche Einstellung.
So hat sie z.B. das in der Buchhaltung grundlegende Prinzip von Soll und Haben irgendwie
mißverstanden und immer auf dem Standpunkt gestanden: Der soll was haben und der soll
was haben und der soll was haben usw.

Frau Schreyvogel machte bei der Arbeit immer einen sehr angestrengten Eindruck und bei
der Arbeit am Computer hatten wir durchaus den Eindruck, daß der Computer Frau Schreyvogel gut beherrscht. Sie wurde auch immer gern gesehen, am liebsten beim Hinausgehen.

Gelegentlich kam Frau Schreyvogel morgens pünktlich, produzierte aber stets fleißig Gerüchte
sowie Tee. Wenn jemand einen Witz erzählt hat, hat sie grundsätzlich als letzte gelacht, dafür
aber am längsten.

Frau Schreyvogel hat an mehreren Seminaren teilgenommen, deren Wirkung bei ihr noch
kriminalistisch untersucht wird. Sie hat auch schon vor 3 Jahren die Rechtschreibreform
vorausgeahnt, umgesetzt und praktiziert.

Als alleinstehende Frau hat sich Frau Schreyvogel, auf dem Schoß von Vorgesetzten sitzend,
immer um eine vertrauensvolle, vor allem aber vertrauliche Atmosphäre bemüht.

Bei Abteilungskonferenzen hat sich Frau Schreyvogel immer sichtlich bemüht, zu verstehen,
worüber gerade diskutiert wurde. Am Telefon konnten unsere Lieferanten, auch wenn sie den
Namen nicht verstanden hatten, feststellen, mit wem sie es zu tun hatten. Sätze wie: "Ja, da bin

ich jetzt - glaub' ich - nicht informiert" oder "Was'n des ?" sprachen da für sich selbst.

Bei der Realisierung von Arbeitszeitverkürzungsmaßnahmen hat sich Frau Schreyvogel als Vorreiterin erwiesen. Im übrigen war sie derart folgsam, daß sie stets auch die <u>nicht</u> ernst gemeinten Anweisungen in die Tat umgesetzt hat, mit zum Teil ganz erstaunlichen Ergebnissen.

Wir hatten Frau Schreyvogel die Erlaubnis erteilt, im Büro Radio zu hören, was wir besser nicht getan hätten.

Frau Schreyvogel hat sich als derart zuverlässig erwiesen, daß ihr die meisten Anordnungen gleich mehrfach erteilt wurden. Sie zeigte sich auch grundsätzlich interessiert, vor allem an der Intimsphäre ihrer Kollegen.

Aufgrund der Tatsache, daß bei Frau Schreyvogel eine Lohnpfändung stattfand und sie eine eidesstattliche Versicherung ablegen mußte, haben wir uns veranlaßt gesehen, uns von Frau Schreyvogel zu trennen. Frau Schreyvogel hatte offensichtlich versucht, 100 DM-Scheine zu fälschen, und hat die Fälschungen derart perfektioniert, daß die Produktionskosten pro Schein DM 137,80 betrugen.

Frau Schreyvogel verläßt unser Unternehmen zu unserer größten Zufriedenheit.

Bei die Mercedes

Wenn einer in Frankfurt oder Offenbach einen
Mercedes fährt und er braucht dafür ein Ersatzteil,
dann fährt er "bei die Mercedes". Manchmal fährt
er auch "an die Mercedes", meistens aber "bei die".
Ich hatte letzten Monat einen kaputten Auspuff,
da lag ich dann "unter die Mercedes".

Ja, nun brauchte ich also einen Schließzylinder für
das Türschloß und 2 Radkappen von die Mercedes,
sowie einen Schaltknüppel.
Ich rief also zunächst einmal an.

Als ich die Sache mit dem Schließzylinder erwähnte, wurden die irgendwie ganz komisch.
Zunächst wollten die Mercedes wissen, auf welch zweifelhafte Art ich so viel Geld
verdienen könnte, daß ich mir überhaupt einen Mercedes leisten kann. Als ich dann was von
Kurzgeschichten stotterte, hatte ich endgültig verspielt. Man verlangte von mir die
Vorlage eines gültigen Personalausweises mit DIN A 4-Farbbild, Geburtsurkunde,
Abiturzeugnis und Fahrzeugbrief, daneben den Fahrzeugschein und eine detaillierte, notariell
beglaubigte Beschreibung der besonderen Kennzeichen meines Autos. Dann würde sich die
Mercedes eventuell bereitfinden, mir einen Schließzylinder zu verkaufen.

Als besonderes Kennzeichen meines Autos gab ich an, daß das Schloß auf der Fahrer-
seite nicht funktioniert (möglicherweise defekter Schließzylinder).

Nachdem mir dann noch die Fingerabdrücke abgenommen und meine Personalien in den
Mercedes-Fahndungscomputer eingegeben wurden, wurde mir in Aussicht gestellt, daß
man mir unter Umständen einen Schließzylinder in Aussicht stellt.

Ich kann sagen, daß der Service bei Mercedes ganz hervorragend ist; schließlich geht das
ja auch aus dem Zertifikat hervor, daß bei die Mercedes an die Wand hängt und das sich
Mercedes selbst verliehen hat. Dort ist von einem Ausmaß an Kundenzufriedenheit die
Rede, wie man es nirgendwo anders findet. Aus diesem Grund stolpern auch jeden Tag
phantasmorgiastisch berauschte Kunden aus den Mercedes-Vertretungen heraus, voller
vollster Zufriedenheit und der Glückseligkeit ein wenig nähergekommen.

Hin und wieder läßt der Service allerdings dann nach, wenn man ihn tatsächlich in
Anspruch nimmt.

So erging es mir, als die Sache mit dem Schließzylinder geklärt war und ich bei
die Mercedes aus der U-Haft entlassen wurde. Ich besaß auch danach noch die
unglaubliche Frechheit, mich nach einem neuen Schaltknüppel und 2 Radkappen
zu erkundigen, d.h. ich wollte mich danach erkundigen.

Zunächst einmal stand ich zusammen mit 5 anderen, die auch gerne bei Mercedes
was gekauft hätten, ratlos inmitten der Dekoration herum. Von 4 -5 Kundenberatern
war kein einziger da......

.....Von den Kundenberatern war immer noch kein einziger da.

Urplötzlich, wie aus dem Nichts gezaubert, ging plötzlich die Tür zum Lager auf und ein
Angestellter ging wort- und grußlos an den wartenden Kunden vorbei, ganz woandershin.
Der Mann von Mercedes wußte ganz genau, daß er jetzt noch niemanden zu begrüßen
braucht, weil die ja 2 Stunden später sowieso alle noch da sein würden.
Ja, der Mann kennt sich aus.

So verging etwa eine Dreiviertelstunde, zwischen verzweifelten Blicken der "Kunden"
und dem gelegentlichen, teilnahmslosen Vorübergehen einiger "Kundenberater".

Irgendwann, als die Dämmerung hereinbrach (ich war gegen Mittag gekommen),
setzte sich einer der Ersatzteilverkäufer an seinen Computerbildschirm und wollte nicht
gestört werden. Sofort stürmte lästiges Kundschaftspack auf ihn zu und hinderte ihn
daran, seiner Arbeit nachzugehen. Ich hatte mittlerweile all die kleinen Bodenfliesen
gezählt und im Kopf die Quadratwurzel errechnet.

Der Mann von Mercedes gab sich inzwischen geschlagen und bediente (!) den ersten
Kunden, den er an den Spinnweben zwischen den Fingern erkannte. Wenn gerade keine
Spinne zur Hand ist, wird bei Mercedes immer der als erster bedient, der die längsten
Bartstoppeln hat.

Später am Abend kam ich dann an die Reihe. Ich erwähnte mein vorangegangenes
Telefongespräch, was den Arbeitsablauf aber auch nicht weiter störte. Ich wurde von
einer Frau bedient.

Die Angelegenheit mit den Radkappen schien sich anfangs recht gut zu entwickeln:
2 Stück, rund, grau, aufsteckbar. Soweit alles klar, auch mit dem Schaltknüppel.
Noch bevor ich "Danke" sagen konnte, hatte ich auch schon die Rechnung in der Hand.
Die Rechnung umfaßt immer auch gleich jene Teile, die erst noch bestellt werden müssen.

Danach verschwand die gute Fee, "ins Lager, mal eben die Sachen holen".
Sie ward nie wieder gesehen....

Streng nach der Devise "Erst bezahlen, dann reklamieren" ging es dann erst mal an die
Kasse. Trotz dreimaliger Betonung fanden sich auf der Rechnung nicht 2, sondern
4 Radkappen aufgeführt. Für Mercedes scheint der Kauf von 2 Radkappen ungefähr
so zu sein, als wenn einer nur den linken Schuh kauft. Also mußte eine Gutschrift her,
die die Frau Kundenberaterin aber höchstselbst zu machen hat. Die Kundenberaterin
aber war wahrscheinlich im Lager von einem wilden Tier angefallen worden.

Also fuhr ich nach Hause, duschte, zog mich um, frühstückte, schrieb ein neues Buch
und fuhr wieder an die Mercedes.
Mittlerweile hatte irgend jemand den Schaltknüppel und ein vollständiges Paket mit
4 Radkappen bereitgelegt.

Das Spiel begann von vorn.

Ich fiel über den nächstbesten Angestellten her, zertrümmerte ihm mit dem Ellenbogen
Zähne und Nase und führte ihm die Hand beim Ausfüllen der Gutschrift. Dann erzwang
ich an der Kasse mit vorgehaltenem Schaltknüppel die Herausgabe des Betrags und warf
dem Laden anschließend die Schaufenster ein.

Mit etwas gutem Willen kriegt man nämlich bei Mercedes immer, was man will.

Alles nur getauscht

In der ehemaligen DDR soll es
- so will es die Sage - so etwas wie
Preise gegeben haben.
Mitnichten hatten die Preise dort die
Funktion, die sie normalerweise haben.
Eigentlich hatten sie überhaupt keine Funktion.
Bei nochmaligem Nachdenken fällt mir ein,
daß die Preise doch für etwas taugten:
Zum einen konnte man feststellen, daß ein
Brötchen mit Produktionskosten von 20
Pfennigen mit 14 Pfennigen subventioniert
wurde, weil es ja nur 6 Pfennige kostete.
Zum anderen diente das Geld in der DDR
zur Belustigung, vor allem des Auslands.
Aber jetzt mal ernsthaft: Mit irgendetwas
mußten die Ossis ja bezahlen.

Im Grunde hätte sich die DDR-Regierung den Druck von Geldscheinen dadurch ersparen
können, daß sie an jeden erwachsenen DDR-Bürger einen Kasten Monopoly ausgibt und
die darin befindlichen Geldscheine zur offiziellen Währung erklärt. Das Spiel aber war in
der DDR verboten, weil es den Trieb des natürlichen Egoismusses freigelegt und damit die
Planwirtschaft untergraben hätte. Auf diese Weise mußten also die Ossis bleiben, wie sie
waren: alle gleich, nur die Bosse ungleich gleicher als wie die anderen gleichen.

Da das Geld in Ossiland keine weitere Bedeutung hatte, stellte das Bezahlen in etwa
dasselbe dar, als wenn in einem uns wohlbekannten, kleinen gallischen Dorf Obelix
einen Korb gammeliger Fische mit einem Hinkelstein bezahlt.

Wie ich nunmehr mit wissenschaftlicher Akribie nachgewiesen habe, handelte es sich
bei der DDR-Wirtschaft um eine reine Tauschwirtschaft, nur eben mit Geld drapiert.

Hier nun die aktuellen Tauschkurse, wie sie bis Ende September 1989 gültig waren:

Eine regimekritische Äußerung war zu haben im Tausch gegen 5 Jahre Haft in Bautzen.
Ein Trabant war zu haben gegen 15 Jahre Wartezeit. Eine Wurst war zu haben im Tausch
gegen eine Schüssel warmes Fett, das dann zu Wurst verarbeitet wurde. Arbeitseinkommen
war zu haben im Tausch gegen 180 Stunden Zeitunglesen. Ein Platz im Restaurant war zu
haben gegen 20 Minuten Wartezeit. Ein Sack Zement kostete 2 Stunden Schlangestehen.
Die Abgabe der Stimme bei der Wahl war nur erhältlich gegen weitere 28 Jahre STASI-
Überwachung. Ferien auf dem Dampfer kriegte man nur im Tausch gegen das Bestehen der
fortgeschrittenen Russisch-Kurse Teil 5 - 8.
Ein Raider konnte man gegen ein Twix tauschen.
Ein Brötchen war zu haben für'n Appel und 'n Ei.
Ein Snickers - nein, das tut mir aber jetzt wirklich leid - ein Snickers konnte man wirklich
nur mit <u>echtem</u> Geld erwerben.

Auf der anderen Seite ist es so: Drüben war schließlich nicht <u>alles</u> schlecht.

Hat das irgend jemand behauptet ?

Auf dem Boulevard

Die Boulevardpresse versorgt uns
jeden Tag mit Meldungen, die wir
noch gar nicht kannten und auch gar
nicht kennen wollten. Bei der Berichterstattung in den Boulevardzeitungen
steht die Bedeutung der Meldungen
jeweils streng im umgekehrten Verhältnis
zu ihrer Aufmachung. Wichtige Nachrichten,
die alle angehen, verschwinden spurlos,
also maximal dreizeilig, im Teil für politische
oder Wirtschaftsnachrichten.
Natürlich ist demgegenüber das Furunkel
am Arsch von Kevin Costner Aufmacher
auf Seite 1. Dieses Arbeitsprinzip läßt sich
zusammenfassen in der obersten Maxime:
Je bedeutungsloser, desto Schlagzeile.
Diesem Prinzip ist ein zweites an die Seite
gestellt, das fast den gleichen Rang einnimmt:
Je perverser, desto Bericht.
Das hat zu bedeuten, daß das Furunkel von
Kevin Costner dann keine Chance mehr hat,
zur Schlagzeile zu avancieren, wenn irgendein
Ausgeklinkter über eine längere Strecke Amok
gelaufen ist. Die typische Titelseite einer handels-
üblichen Boulevardzeitung sieht also ungefähr so aus:

Hamburg: Kleines Kind beißt Bullterrier tot !

Erdbeben in Andorra: 5 Millionen Todesopfer !

Unfaßbar: Politiker belügt Journalisten !

London: Lady Diana im Fitneßstudio gesichtet !

China: Ein ganzer Sack Reis geplatzt !
        Diesjährige Reisernete in Gefahr

Metrologie: Morgen in ganz Deutschland Wetter ohne Ende !

Skandal auf der IAA: Aussteller stellen fahruntüchtige Autos aus !

Astrologie: Das Dezember-Horoskop von Hans Meiser hat nicht gestimmt !
        Hans Meiser fordert die Abschaffung der Astrologie als Unterrichtsfach
        an den Universitäten

Rußland: Mafia abgeschafft !
        Präsident Jelzin unterzeichnet entsprechendes Dekret

Frankfurt: Neu gebautes Autobahnteilstück führt zu Zeiterssparnissen !

USA: Ex-Präsident Ronald Reagan kann sich nicht erinnern, jemals an Alzheimer
        erkrankt zu sein

England: Die Windsors - schon in der 5. Degeneration debil ?

Hongkong: Überraschende Machtübernahme der Chinesen schon 1997 ?

Bayern: Jäger schoß auf unbewaffnete Flugente - Ente schwer verletzt !

Hildesheim: 98jährige verstorben - gestern noch lebendig !

Reutlingen: Autofahren auf Glatteis lebensgefährlich !
        Beim Einparken seines Autos verlor ein 50jähriger Finanzbeamter
        auf Glatteis die Kontrolle über sein Fahrzeug - Schleudertrauma !

Neues vom Mann aus dem Eis: Ötzi hatte Puma-Turnschuhe an

Jagdszenen auf deutschen Autobahnen: Auf der A 5 bei Kassel Feldmaus überrollt !

Total verrücktes Jahr 1996: Silvester diesmal erst am Jahresende !

Skandal in der Formel 1: Schumacher ein Betrüger ?
                Beim Grand Prix-Rennen in Hockenheim wurde Michael
                Schumacher dabei beobachtet, wie er an den Boxen auftankte,
                die Reifen wechseln ließ und wegfuhr, ohne zu bezahlen.
                Die Leser klagen an: "Schumi, was soll das ?"

Dribbdebach

Wer sich in Frankfurt und Offenbach auskennt,
der weiß, daß der größte Teil von Frankfurt
nördlich des Mains liegt. Auf der anderen Seite
des Flusses liegen die Frankfurter Stadtteile
Schwanheim, Goldstein, Niederrad,
Sachsenhausen und Oberrad, sowie die Stadt
Offenbach. Auf diese Weise unterscheiden Kenner
der Szene "hibbdebach" (hüben) und "dribbdebach" (drüben).
Im engeren Sinne der Unterscheidung
ist Frankfurt "hibbe" und Offenbach "dribbe".

Insbesondere in Offenbach gehen die Uhren ein wenig anders.
Ein Offenbacher, der in Frankfurt offen zugibt, daß er aus Offenbach kommt
(und sich offenbar kein bischen dafür schämt), wird von den Frankfurtern belächelt.
Ein Offenbacher, der zugibt, aus Offenbach zu sein und sich dafür schämt, wird in
Frankfurt ebenfalls belächelt.
Der Offenbacher als solcher hat's nicht eben leicht.

Immerhin hat Offenbach einige Vorteile zu bieten, die die Frankfurter grün vor Neid
werden lassen - oder gelb, je nach Veranlagung.
In Offenbach gibt es so ziemlich an jeder Straßenecke einen Kiosk, also Nahversorgungs-
kultur vom feinsten. Diesen Umstand weiß nur derjenige zu schätzen, dessen Auto gerade
in der Werkstatt ist und dem abends um 11 Uhr die Zigaretten ausgegangen sind. Deshalb
sind die Offenbacher Kioskse wahre Lebensretter.

Außerdem hat Offenbach den Vorteil, daß man sich ein Zeitungsabo sowie das Lesen der
Wurfpost sparen kann - beides liegt kostengünstig uff'm Trottwa aus. Manchmal ist die
Zeitung auf dem Bürgersteig nicht die aktuelle, aber eine Ecke weiter, da liegt ganz
bestimmt die Ausgabe von heute aus. Wahrscheinlich ist das ein Service der Offenbacher
Informationsbehörden, ähnlich den Wandzeitungen in China.

Wenn in Offenbach einmal Möbel auf der Straße stehen, dann ist unmöglich festzustellen,
ob es sich um Umzug oder Sperrmüll handelt.

Offenbach ist die Stadt der kurzen Wege.
In Offenbach ist grundsätzlich nichts weit weg - außer Moskau vielleicht.
Wenn Sie beispielsweise ins Reisebüro wollen und anschließend noch schnell zur
Änderungsschneiderei, dann reicht hier ein einziges Geschäft aus. Es gibt hier in der Tat
ein Reisebüro mit integrierter Änderungsschneiderei: Wenn Sie sich in dem Laden links
aufhalten, dann wird Ihnen die Hose gekürzt. Etwas weiter rechts können Sie die
Malediven buchen. Vielleicht ist etwa in der Mitte beides gleichzeitig möglich.
Versuchen Sie einmal, in einer Metropole wie Los Angeles etwas Ähnliches zu finden.

Noch etwas anderes ist typisch für Offenbach: In Offebach tummele sich Gestalde,
mer mescht es net für möglisch halde ! Wenn Sie übrigens wissen wollen, wie ein typischer
Offenbacher aussieht, dann schauen Sie sich einfach Rudi Völler an.

Der kommt aus Offenbach, erwähnt es aber nicht allzuoft.
Ansonsten laufen hier derart viele Frauen und Mädchen mit Kopftuch herum, daß ich
glaube, ich bin hier in Kapuzdistan.

Der Ausländeranteil in Offenbach dürfte rund 25 % betragen, und die wohnen alle
in meiner Straße.

Zusammenfassend kann ich folgendes feststellen: Offenbach ist ganz sicher nicht der Arsch
der Welt, aber von Offenbach aus kann man ihn schon recht gut sehen.

Hauptsache sinnlos, aber egal

Im Fernsehen gedeiht so manche Sumpfblüte,
allen voran die Talk Show von Hans Meiser.
Dort wird mit minimalem Aufwand maximale
Belanglosigkeit erzielt.
Ich weiß nicht, ob er sich um die Show beworben
hat oder ob sie ihm aufgedrängt worden ist; jeden-
falls haben wir Fernsehzuschauer ihn und seine Show.
Da ha'm wir den Salat.

Wenn ich mir die Sendung so anschaue, dann muß die Zielgruppe im Alter unter 4 und
über 96 Jahren liegen. Anders ist nicht zu erklären, was Hans Meisenkaiser für gewöhnlich
absondert. Eigentlich müßte er an jede Sendung ein Dementi anfügen mit der Beteuerung:
"Ich bin's nicht gewesen !". Wir wollen es ihm auch ganz bestimmt nicht glauben.

Hans Meiser strahlt eine gewisse Gleichgültigkeit aus, aber das ist ihm egal.
Er weiß schon vor jeder Sendung, daß diese die Diskussion über das jeweilige
Thema keinen Millimeter voranbringen wird. Das ist bei anderen Nachmittags-
Talk Shows auch so, aber an Hans Meiser kann man sehen, daß das noch nicht
einmal die Absicht war. Er stellt irgendeine dummdödelige Frage an Studiogast A,
und es juckt ihn nicht die Bohne, wenn statt dessen Studiogast B antwortet.
Es spielt einfach keine Rolle.

Seine einzige Funktion besteht darin, eine gewisse Ordnung zu bewahren, die ohne ihn
wahrscheinlich auch vorhanden wäre. Ich muß ihm allerdings zugute halten, daß er sich
in seiner Show wahrscheinlich noch blöder und ahnungsloser gibt als er ohnehin.
Das ist schließlich auch notwendig, damit all die Dreijährigen unter den Zuschauern
verstehen, worum's da gehen tut - obwohl man tun nicht sagen tut, wie Mami immer sagt.

Es lohnt sich nicht, Hans Meiser auf den Arm zu nehmen: Man spürt ja das Gewicht kaum.
Deshalb kann ohne weiteres alles, was er sagt, vor Gericht gegen ihn verwendet werden,
also auch die folgenden Zitate aus seiner Sendung vom 6. November 1996 um 16°° Uhr
bei RTL. Die Sendung trug den Titel "Erotik 96".

In der Sendung war ein Pornodarsteller zugegen. Den hat Hans Meiser natürlich gleich
gefragt: "Wie oft dauert ein Tag ?". Gleich hinterher kamen die Fragen: "Ist Pornodarsteller ein Lehrberuf ?" und "Wie kann man sich da ausbilden ?".

(Die Sendung arbeitet übrigens immer mit mindestens 4 Kameras, weil ständig mindestens
einer der Kameraleute von Brechkrämpfen geschüttelt wird.)

An anderer Stelle kommentiert Hans Meiser mit den Worten: "Wer im Glashaus sitzt,
der werfe den ersten Stein." Wie meint der das bloß ?
Bemerkenswert sind auch immer wieder die Reaktionen auf seine Fragen. Beispiel:
Frage: "Sind Pornos anständig oder unanständig ?"
Antwort: "Das würde ich nicht sagen."

Frage: "Hat die Kirche für erotische Fotografie keinen Sinn ?"
Antwort: "Ich denke schon, daß es einen Sinn hat."

In der Sendung vom 6.1.97, Thema: "Bunte Republik Deutschland - Multikulti auch bei uns"
hat er den Indio gefragt: "Welcher Kultur gehören Sie eigentlich zugehörig ?" und "Woher
stammen Sie ab ?". Das Model hat er gefragt: "Warum sind Sie Lebenskünstler ?"
Spätestens an dieser Stelle würde Loriot Evelyn Hamann antworten lassen: "Da regt
mich ja die Frage schon auf !"

Zum Stichwort "Vorurteile" meinte er: "Ich mache mich davon nicht frei."
Eine Schwedin kündigte er an mit den Worten: "Sie lebt 70 Kilometer nördlich von
Schweden." Dem afrikanischen Königssohn legte er in den Mund: "Ich will auf eigenen
Beinen stellen." Abschließend sagte er zu einer Adoptivtochter: "Sie sind der Beweis dafür,
daß alle Menschen gleich sind."

Zusammenfassend betrachtet, ist eine Erscheinung wie Hans Meiser ganz sicher eines:
Bitter für die Angehörigen.

Selbstbedienungsanleitung

Sie haben sich bestimmt schon einmal
einen Videorecorder gekauft und festgestellt,
daß die Bedienungsanleitung voller kryptischer
Formulierungen steckt und selbst dem Elektro-
technik-Studenten im 10. Semester noch
erhebliche Probleme bereitet.
Ich kann Sie beruhigen: Die Schuld liegt
nicht bei Ihnen.

Die Unverständlichkeit der Bedienungsanleitungen hat mehrere Gründe:

1.) Ihr Videorecorder wurde in einem Betrieb produziert, in dem selbst die Lohnfortzahlung
   im Gesundheitsfall unsicher ist. Dementsprechend motiviert sind dort alle bei der Sache.

2.) Die Bedienungsanleitung für Ihr Gerät wurde von einem Israeli geschrieben, dessen
   Arbeitsergebnisse von einem Araber kontrolliert werden. Dem Araber aber war immer
   schon egal, was der Israeli macht.

3.) Der israelische Ingenieur, der für Ihre Bedienungsanleitung verantwortlich zeichnet,
   hat die in Israel gültige Altersgrenze für Ingenieure schon mehrfach überrundet.

4.) Zur bereits vorhandenen Malaise gesellen sich am Schluß noch Schwierigkeiten
   bei der Übersetzung in die jeweilige Landessprache. Wenn beispielsweise ein
   amerikanischer Konzern elektrische Wecker in Südkorea fertigen läßt, muß erst
   die tattrige Handschrift des mehrfach pensionierten Bedienungsanleitungsformulierungs-
   ingenieurs entziffert und ins Englische übersetzt werden. Anschließend wird das Ganze
   dann z.B. ins Deutsche übertragen.

Bei der Einstellung der Weckzeit etwa liest sich das Resultat dann folgendermaßen:
"Stellern Sie der Zeiger solange vor, bis die erwartete Zeit gereicht hat." Aha.

Aus der Spielanleitung eines Federballsets geht folgende kongeniale Anweisung hervor:
"Die Spielern schleudern, um welche Seite zum erstern zu aufschlagen. Wer hat den
Schleudern gewinnt, ist der Aufschlager."
Vor meinem geistigen Auge sehe ich schon vor mir, wie sich die Spieler gegenseitig übers
Netz hebeln.

Aus der Reparaturanweisung für eine Luftmatratze stammt folgender Hinweis:
"Wenn die Puff Unterlage etwas kaputt geht, kann man mit den zusätzlishen Nylon
Kleiderstoff und Zement reparieren."

Ebenfalls gedämpft verständlich ist folgende Anweisung: "Vor oder nach der Wahl
des gewünschten Stücks durch Drücken der Taste FORWARD oder BACKWARD SKIP
oder die zehn Wähltasten drücken Sie zweimal die REPEAT-Taste vor oder während
des Abspielens."

An dieser Stelle muß ich einmal allen Besitzern von komplizierteren Geräten wie Camcorder, Videonachbearbeitungsgeräten, teuren Stereoanlagen oder Spiegelreflexkameras ein großes Lob aussprechen: In der Regel ist es ihnen gelungen, dem Gerät eine Funktion abzuringen, <u>obwohl</u> eine Bedienungsanleitung dem Gerät beilag. Bei Inbetriebnahme eines solchen Geräts mwB (mit wertloser Bedienungsanleitung) der verschiedene Organen helfen im Grunde nur die Eigenschaften weiter, derer sich die Amerikaner immer rühmen: Pioniergeist, Risikobereitschaft, positives Denken - und der instinktsichere Griff zum Telefon, um die Service-Hotline anzurufen.

Im Osten was Neues

Wissen Sie eigentlich, wie ich mir das
nächste ärztliche Bulletin über Boris Jelzin
vorstelle ? Etwa so: Nach langer und schwerer
Krankheit, und ohne das Bewußtsein wieder-
zuerlangen, hat Boris Jelzin heute morgen um
6:53 Uhr seine Amtgeschäfte wiederaufgenommen.

Eines muß man dem siechen Boris Jelzin aber allemal lassen: Er hat in Rußland eine
revolutionäre und bahnbrechende Regierungsmethode entwickelt, mit der sich offensichtlich alle Probleme des Landes auf einen Schlag lösen lassen: die sogenannten
Dekrete. Dekrete sind eine Art Regierungsbefehl. Wann immer ein größeres Problem
auftaucht, unterschreibt Boris "Vodka" Jelzin ein Dekret, entläßt den zuständigen
Minister, und das Problem löst sich in Luft auf.

Hierzulande, im rückständigen Westen, stellt man im Zusammenhang mit der Durchsetzung
von Gesetzen immer noch dummdödelige Fragen, z.B. mit welchen Mitteln das angestrebte
Ziel erreicht werden könnte, wie lange es dauern, wie man es finanzieren könnte und
dergleichen. Sogar nach der moralischen Berechtigung wird gelegentlich gefragt.

Die Diskussion derartiger Nebenaspekte ist in Rußland jedoch längst passé.
Dekrete kommen über das Land, allmächtig, unantastbar und mit ungeahnter Wucht.
Dekrete sind die Quintessenz höheren Ratschlusses und werden für's staunende
Publikum - und natürlich für die Geschichtsschreibung - durchnumeriert.

Mit Dekret Nr. 10.416 etwa wurde die Reaktorsicherheit in Rußland auf westliches
Niveau angehoben. Mit Dekret Nr. 10.417 wurde die um 40% gefallene Industrie-
produktion wieder auf den ursprünglichen Stand von 1992 gebracht.
Per Dekret Nr. 10.418 wurde der Schwarzmarkt abgeschafft.
Das nächste Dekret befahl der Roten Armee, die Waffen zurückzuerobern,
die sie aus Geldmangel heraus verkauft hatte.
Mit Dekret Nr. 10.420 wurde die Kriminalität untersagt.

Um den Alkoholismus zu bekämpfen, wurde mit Dekret Nr. 10.421 Wodka zum
alkoholfreien Getränk erklärt und für die Ernährung von Kleinkindern empfohlen.
Um die Raumfahrt sicherzustellen, weist das Dekret Nr. 10.422 das russische
Raumfahrtzentrum Baikonur an, die gefahrlose Rückkehr russischer Astronauten
auch bei abgeschaltetem Strom sicherzustellen. (In Baikonur wird in der Tat zeit-
weise der Strom abgestellt, wegen schleppender Bezahlung der Stromrechnung.)

Der Schmuggel wird nur noch erlaubt, soweit er Exporterträge erbringt, also bevorzugt
mit harten Drogen, Waffen und Plutonium.

Die Bevölkerung wurde allgemein angewiesen (lfd. Nr. 10.424), den Rubel wieder als
Zahlungsmittel zu betrachten und auf Tauschhandel zu verzichten. Außerdem haben alle
Staatsbediensteten ab sofort ihre Gehälter von April bis November als ausgezahlt zu
betrachten.

Dekret Nr. 10.426 enthält besondere Brisanz: Die NATO wird angewiesen, auf ihre geplante Osterweiterung zu verzichten und die Länder Bulgarien, Tschechien, Slowakei, Ostdeutschland, Rumänien, Polen und Ungarn als russisches Einflußgebiet zu betrachten. Außerdem werden die genannten Länder angehalten, wieder in den Warschauer Pakt zurückzukehren, verdammt noch 'mal.

In allen Moskauer Stadtteilen, in denen im Winter durch Dekret Nr. 10.398 die Heizung abgestellt wird, wird durch Dekret Nr. 10.427 die empfohlene Raumtemperatur auf 23 Grad festgelegt. Minus natürlich.

Nun mag man natürlich einwenden, daß durch Dekrete die Probleme des Landes immer nur auf dem Papier gelöst werden, aber das stimmt nicht. Es ist Magie.

Die russische Regierung hat gerade eben David Copperfield als Chefberater engagiert.

Sie bitte bitte helfen mir

Wer eine fremde Sprache nicht beherrscht,
der kann sich der Mühe unterziehen, sie sich
anzueignen. Dieses Verfahren ist langwierig
und schwierig. Viel schneller und billiger ist es,
sich ein Übersetzungsprogramm für den Computer zu kaufen; außerdem ist es viel unterhaltsamer.
Gemeinsam ist den derzeit erhältlichen Programmen,
daß sie etwa gegenüber der Grammatik und dem
logischen Satzaufbau eine gewisse Souveränität
besitzen, die sie schier unangreifbar macht.

Einem im Forschungsstadium befindlichen elektronischen Übersetzer gelingt es derzeit,
die beiden Sätze: "Wir sollten uns heute verabreden" und "Wir sollten uns heute noch
verabreden" voneinander zu unterscheiden. Das war's dann aber auch schon so ziemlich.

Der "T 1" von Langenscheidt hat sich einmal daran versucht, den Text des Beatles-Songs
"Yesterday" zu übersetzen. Resultat: "Gestern, alle meine Mühen schienen so weit fort,
jetzt es blickt als ob sie sind hier Ohio, ich glaube an gestern."

Den Artikel 1 der UN-Menschenrechtsdeklaration ("All human beings are born free.")
übersetzt der T 1 fehlerfrei in: "Alle Menschen sind umsonst geboren."

Kollege Computer aber kann noch mehr: Er kann beispielsweise den Satz "Das Fleisch
ist willig, aber der Geist ist schwach" vom Englischen ins Russische und zurück übersetzen.
Heraus kommt dabei: "Das Fleisch ist gut, aber der Wodka ist verrottet."

Auch Bibelzitate werden von Programmen wie dem "Personal Translator plus" plastisch
bebildert: "Wenn irgend jemand Sie auf die richtige Wange knallt, lassen Sie ihn auch
Ihre linke Wange draufklatschen."

Mutig hebelt ein anderes Programm auch den Text des Beatles-Songs "Help" aus:
"Hilfe ich, wenn Sie können, ich fühle unten und ich schätze Sie sein um, helfen mir
zurückzubekommen meine Füße auf dem Boden, Willen nicht Sie bitte bitte helfen mir."

(Die Beispiele sind dem SPIEGEL 5/1997 entnommen.)

Zeitsprung

Jedes Jahr um die gleiche Zeit verschiebt
sich das Raum-Zeit-Kontinuum. Plötzlicher
und in einem Umfang, wie ihn selbst Albert
Einstein nicht für möglich gehalten hätte,
verzögert sich die Alterung der Menschen,
als wenn sie sich mit mehrfacher Lichtgeschwindigkeit bewegen würden.

Die US-Armee hat es einmal geschafft, den Zeitablauf für einen ihrer Piloten um einige
Sekundenbruchteile zu verlangsamen, indem sie ihn mehrfach nonstop um die Erde fliegen
ließ. Der Aufwand war immens, der Effekt immerhin meßbar.

Etwas ähnliches widerfährt den meisten Kontinentaleuropäern, wenn im Herbst die Uhren
von Sommer- auf Winterzeit umgestellt werden. Die Menschen gewinnen eine Stunde,
als ob sie - nach meiner Kalkulation - 17,8 Phantastilliarden Monate lang mit Lichtgeschwindigkeit z.B. in der verkehrsberuhigten Zone unterwegs gewesen wären.

Gleichzeitig wissen die wenigsten, was sie mit der gewonnenen Stunde anfangen sollen,
außer vielleicht eine Stunde zu früh am Flughafen zu sein.
Die meisten allerdings verschlafen die bewußte Stunde einfach und behaupten anschließend,
sie hätten davon gar nichts gemerkt.

Den meisten Leuten ist bis heute nicht klar, ob bei Umstellung auf Sommerzeit die Uhr
um eine Stunde vor- oder zurückgestellt wird. Das ist auch überhaupt nicht notwendig,
denn wenn sie an diesem Tag zur gewohnten Zeit auf der Arbeit erscheinen, wird ihnen
schon klar, wem die Stunde geschlagen hat.

Wenn Sie Schwierigkeiten haben sollten, sich zu merken, wie sich das mit der Zeitumstellung
(auf Winterzeit) verhält, dann beantworten Sie doch einfach die folgenden Fragen. Dem
glücklichen Gewinner winkt eine Freifahrt auf einer Rolltreppe seiner Wahl:

Ist es danach morgens länger hell oder abends länger dunkel ?
Oder ist es abends länger spät ?

Gell, gar nicht so einfach.
Im übrigen bin ich sehr dafür, daß jetzt - mitten im prügelharten Winter 96/97 - das Thermo-
meter umgestellt wird. Wenn wir den Nullpunkt bei +20° C fixieren, dann ist es endlich nicht
mehr so kalt.

Das Thema wird sowieso viel zu hoch sterilisiert.
Vielleicht sollten wir die Sache mit der Zeit einfach nicht so eng sehen und sie so handhaben
wie die Franzosen oder Spanier. Wenn Sie mit einem Spanier eine Verabredung um 8 Uhr
haben, und der kommt dann erst um 11 Uhr, dann dürfen Sie sich nichts dabei denken.
Der Spanier denkt sich schließlich auch nichts dabei.
Außerdem steht der sowieso nie vor 10 Uhr auf.

Richtig einkaufen will gelernt sein

Es war wieder einmal an der Zeit,
einkaufen zu gehen. Nichts besonderes,
nur ein paar Lebensmittel, ein Hemd
und noch schnell Ölwechsel an der
Tankstelle. Ich hatte vorgesehen,
etwa 130 Mark auszugeben und
eineinhalb Stunden Zeitaufwand
eingeplant.

Ich fing also mit dem Ankauf von Büromaterial an, weil man das ja immer braucht.
Für die braunen Umschläge, das Kopierpapier, die Heftklammern, die Schreibmaschine
und die Briefwaage brauchte ich kaum 10 Minuten. Beim Hinausgehen aus dem Geschäft
spiegelte ich mich in der Auflage der Briefwaage und stellte fest, daß ich dringend einmal
wieder zum Friseur mußte.
Gedacht, getan.

Beim Friseur mußte ich ungefähr eine halbe Stunde warten. Beim Durchstöbern der Zeit-
schriften fiel mir auf, daß die Preise für Latexmatratzen in letzter Zeit gefallen waren und
ich ja sowieso noch Zeit übrig hatte. Also mietete ich mir einen Transporter, holte noch
einmal Geld von der Bank und kaufte mir zwei Super-Luxus-Spannfederkern-Matratzen
mit vernickelten Gelenkmuffen für je 998 Mark. Das passende Bettzeug kaufte ich gleich
hinterher, weil die Aktion ja sonst keinen Sinn macht.
In dem gleichen Kaufhaus fiel mir ein todschicker, dunkelblauer Anzug auf, den ich
unbedingt haben mußte. Und siehe da: er paßte sogar.

Beim Bezahlen mußte ich registrieren, daß ich ulkigerweise kaum noch Geld bei mir hatte.
Also ab zur Bank. Da der Geldautomat aus unerklärlichen Gründen kein Geld mehr für mich
bereithielt, wand ich mich an den Herrn am Schalter. Der gab mir dann das Geld, runzelte
aber irgendwie so besorgt die Augenbrauen. Vielleicht hatte er ja irgendwelche Probleme.

Ganz im Gegensatz zu mir.
Der neue Plattenladen hatte es mir schon lange angetan.
Es dauerte eine Weile, bis ich alle meine Lieblinge in jeweils siebenfacher Ausführung
beisammen hatte: George Michael, Gloria Estefan, Anita Baker, Madonna, Michael
Jackson, The Alan Parson's Project, die Gipsy Kings, Vaya con Dios, die Blues Brothers,
die Schubidubies und natürlich die unvergessenen Brother Sisters. Mit Schaum vor dem
Mund und unter der Last von 91 CDs wankte ich an die Kasse.

Da der Plattenladen in einer Fußgängerzone lag, brauchte ich natürlich gleich ein Fahrrad,
um die CDs nach Hause zu transportieren. Beim benachbarten Fahrradhändler war auch
das schnell erledigt. Ich kaufte gleich das Modell mit Überrollbügel, falls mal was passiert.
Außerdem ließ ich noch Stützräder anmontieren. Da schlingert man weniger, wenn man von
der Kneipe nach Hause fährt. Diese Sicherheitsinitiative wird auch von der Polizei unterstützt.

Auf der Heimfahrt pachtete ich noch schnell eine Tankstelle und ölte dort meine Fahrrad-
kette. Dann kaufte ich mir eine vollelektronische Spiegelreflexkamera und inszenierte ein paar

Scheinunfälle mit meinem Fahrrad, um endlich einmal ein paar lebensechte Fotos von geschockten Gesichtern zu kriegen. Aber so sehr ich mich auch mit meinem tomatensaft-verschmierten Hemd unter den geparkten Laster quetschte: Die Leute zuckten mit den Schultern und gingen vorbei. Wieder andere machten Fotos von mir. Immer dieser Voiorismus.

Also kaufte ich als nächstes einen Fleckentferner und ein schwarzes Lackspray, um die Kratzer an meiner Kamera zu entfernen. Dabei fiel mir ein kleiner Zettel in die Hand, auf dem

Lebensmittel
Hemd   und
Ölwechsel   stand.

Was sollte das nun wieder bedeuten ?

Nepper, Schlepper, Bauernlümmel

Einmal in ein bis vier Wochen
- ich weiß es nicht genau -
kommt bei mir per Fernsehen
der Eduard Zimmermann ins Haus.
Er moderiert die Sendung
"Nepper, Schlepper, Bauernlümmel"
oder so ähnlich.

In jeder Sendung stellt uns Eduard Zimmermann die 12 neuesten Betrugsfälle vor,
deren Opfer er selbst gewesen sein muß. Jedenfalls läßt ein Blick in seine Gesichtszüge
keinen anderen Schluß zu.

Immer, wenn es ihn packt, greift sich der Eduard sein Pappschild und läuft in der Stadt
herum. Auf dem Schild steht: Könnten Sie mich eventuell betrügen ? Mir tut das gut....
und Sie kommen auch noch ins Fernsehen !
Übrigens ist Eduard Zimmermann nebenberuflich der 1. Vorsitzende des Depressiven-
verbandes 1922 e. V. Der guckt immer so betroffen.

Ich finde regelmäßig die Tricks der Betrüger eigentlich weniger bemerkenswert als die
Gutgläubigkeit und Vertrauensseligkeit ihrer Opfer. Das sprengt geradezu die Grenzen
menschlicher Vorstellungskraft.

Ein Beispiel soll dies belegen:
Nennen wir den Vorfall: Der Besuch bei der alten Dame.
Die Ganoven von Fall Nr. 3 arbeiten zu zweit. Der eine ruft die ältere Dame an und legt
sofort auf, sobald sie den Hörer abgenommen hat. Das macht er dann fünf Mal hinter-
einander, in kurzen Abständen. Beim sechsten Mal stellt sich dieser unheimlich gerissene
Gauner als Mitarbeiter der Telekom vor, der aufgrund von Störungsmeldungen in dieser
Gegend gerade die Telefonanschlüsse überprüft, von wegen da klingelt das Telefon und
dann ist keiner dran.

Die alte Dame bestätigt natürlich, daß das bei ihr auch so ist und begrüßt, daß der nette
Mann vonne Post auch gleich vorbeikommen kann. Rund 5 Sekunden später klingelt der
nette Herr auch schon an der Tür.

Die Herren von der Telekom sind ja auch dafür bekannt, schnell, freundlich, kostenlos
und immer im Sinne des Kunden zu arbeiten.

Während er nebenbei die Wohnung ausbaldowert, beschäftigt er sich dann mit dem Telefon
und stellt gleich fest, daß der Hörer dieses unverwechselbare Rauschen von sich gibt, gaaanz
typisch für diese Art der Störung. Dann wechselt er an der Telefonsteckdose den Stecker
aus und bittet die alte Dame, mit ihrem Telefon in die Küche zu gehen, wo er sie dann mit
seinem Handy anrufen wird. Dieser Test ist sowas von notwendig, um die Empfangsqualität
des (kabelgebundenen) Telefons unter allen Umständen zu testen.
Kaum ist die Dame in der Küche, ruft er sie an und läßt dabei unbeobachtet seinen Räubers-
gesellenkumpel in die Wohnung. Während der dann in aller Ruhe die Wertsachen plündert,

bittet er die alte Dame (obwohl: soo alt ist sie eigentlich auch wieder nicht), ihn anzurufen. Dabei trägt er ihr auf, unbedingt bis einhundert zu zählen, wegen der Empfangsqualität. Dann machen sich die beiden Halunken mit eingeschaltetem Handy auf und davon, während die vertrauensselige Dame artig und brav bis hundert zählt.

Bis die alte Dame ausgezählt hat, sind die beiden angeblichen Telekom-Mitarbeiter in ihrem geklauten Porsche Turbo schon lange auf der Autobahn.

Daß es in solchen Betrugsfällen meistens die trifft, die am arglosesten sind, finde ich ungemein gemein.

Übrigens ist zwischen dem Verhalten dieser angeblichen Telekom-Mitarbeiter und echten Telekom-Mitarbeitern kein großer Unterschied: Die echten Telekom-Mitarbeiter plündern ihren Telefonkunden zwar nicht die Wohnung aus; aber sie schicken ihnen nach getaner Arbeit eine Rechnung. Und *das* kommt finanziell auf das gleiche heraus.

In einem anderen Fall wurde die Zeugin eines fingierten Überfalls von den vorgeblichen Polizeibeamten gebeten, sich zur Identifizierung des Täters auf den Balkon zu stellen, wo man ihr den Täter dann unten auf der Straße vorbeischicken würde, "damit der Sie nicht sieht." Das sei eine ganz neue Form der Gegenüberstellung, unkompliziert und zeugen- schonend. Die Zeugin begab sich auf ihren Balkon, der Balkon wurde verrammelt und sie guckte sich dort die Augen aus dem Kopf. In dieser Zeit wurde ihr natürlich von den Herren Kripobeamten die Wohnung ausgeraubt.

Die Zeugin indessen bekam am Ende doch noch etwas zu sehen: Die beiden Diebe nämlich, die sich unten auf der Straße feixend aus dem Staub machten.

Sehenswert sind auch immer wieder die schauspielerischen Leistungen der Darsteller in dieser Sendung. Auszug: (Die Mutter zu ihrem Sohn)

"Wolfgang, Essen ist fertig."
"Oh, Mutti, du hast fein Essen gemacht. Mjam, mjam, mjam. Da werde ich doch gleich mal mein Tellerchen holen."
(An dieser Stelle frage ich mich, ob diese Szene tatsächlich aus der Sendung stammt oder nicht vielleicht doch aus "Schneewittchen und die sieben Zwerge".)

Wenn ein Schauspieler im Laufe seiner Karriere jemals erwähnt, daß er bei Eduard Zimmermann aufgetreten ist, dann kann er dieselbe umgehend in den Gully spülen.

Schlußfolgerung:
Wenn die Axt im Haus den Zimmermann erspart,
dann her mit der Axt !

Couch Potatoes

Wieder einmal sitze ich vor dem Fernseher und weiß gar nicht, warum.
Die Sendung, die ich sehen wollte, hab' ich schon gesehen und die, die vielleicht auch
interessant sein könnte, kommt erst in vier Stunden. Was hält mich bloß vorm Fernseher,
was ist das bloß, was ist das ?

Bunte Bilder allein sind sicher nicht der Grund für's Zuschauen.
Früher, oh Gott ja, da haben sich die Leute in Schwarzweiß gelangweilt, oder besser
gesagt: monochrom. Die Leute haben sich schwarz geärgert über den leeren, inhaltslosen,
langweiligen....oder besser gesagt: den sozusagen weißen Bildschirm.
Daher der Ausdruck Schwarzweiß.

Ich hätte an sich etwas Besseres zu tun, aber das könnte eventuell an Arbeit entarten.
Ich habe diesbezüglich die schlimmsten Befürchtungen. Da ist es doch sicher besser,
fernzusehen.

So sehr ich auch vor dem Fernseher auf der Zeit herumschlage: Sie ist keineswegs tot.
Sie zuckt noch.
Im Grunde ist es ein Selbstbemogelungsversuch. Ich bilde mir ein, Feierabend zu haben,
weil ich fernsehe. Dolle Show.

Der einzige, der unaufgefordert mit mir spricht, ist mein Videorecorder.
Wenn ich auf die abwegige Idee komme, irgendwelches schwachmatige Gesülze
aufzuzeichnen, teilt sein Display mir mit: Ei, keine Kass !

Derweil mache ich das vierte Bier auf.
An und auch für sich wäre es besser, joggen zu gehen, um zu verhindern, daß mein Gewicht
auf 268 Kilogramm ansteigt. Mein Gewicht ist aber schon auf 268 Kilo angestiegen, also
wozu soll ich dann noch joggen ? Die Prosilatze ist kein Argument mehr.

So verharre ich also weiter in völliger Bewegungsunlosigkeit.
Das Programm wird und wird nicht besser.
Warum sollte es auch ? Nur weil *ich* zuschaue ?

Das Bild beginnt in zweifacher Ausführung zu verschwimmen.
Ich glaube, ich muß auftrinken mit Bier hören....

Andere Ausländer, andere Sitten

Die Ausländer, die in
Deutschland leben, haben es
nicht immer leicht.
Wir mit ihnen aber auch nicht.

Schon bei der Einreise aus Kapuzistan haben die Ausländer eines ganz sicher dabei:
ihre Kultur. Im Grunde müßten sie Zoll dafür bezahlen, Strafzoll.

Ihre Kultur besteht in erster Linie darin, sich gegenseitig pausenlos anzuschreien
und die sieben Kinder verlottern zu lassen. Außerdem pflegen sie die Kultur der
Kleinkriminalität.

Regeln sind aus deren Sicht dazu da, von den Deutschen befolgt zu werden,
oder meinetwegen von den anderen Ausländern, vorzugsweise aus einem anderen Land.

Scheinheilig importieren sie auch ihre Religion, die vor allem dazu dient, im Zweifelsfall
jemandem mit religiöser Begründung aufs Maul zu hau'n.

Ihre Hygiene stinkt zum Himmel.
Ich bin ganz bestimmt nicht tolerant, aber das geht zu weit.

Die Richter und Polizisten haben größte Mühe damit, den Ausländern unser Recht
beizubringen. Was in Kapuzistan gang und gäbe ist, ist hierzulande noch lange nicht
erlaubt. Das fängt mit der Straßenverkehrsordnung an und hört bei Schutzgeld noch
lange nicht auf.

Auch mit der Anrede, Sie oder Du, haben die Ausländer so ihre Probleme.
Schwierigkeiten mit dem Du oder Sie gibt es hier spätestens, wenn der Ausländer
einem deutschen Verkehrspolizisten gegenübersteht. Er duzt ihn ganz locker.

Und warum auch nicht ? Schließlich duzt er ja auch Gott.
Und eines kommt noch dazu: Ein deutscher Verkehrspolizist und Gott haben absolut
das gleiche Selbstverständnis.

Uff Woscht

Ich war mal wieder in der
Innenstadt unterwegs, für
zum Einkaufen und Geld
verklempnern, oder wie
das heißt.

Da plötzlich fiel mir auf, daß ich kurz vor dem Verdursten stand.
Na, dagegen kann man ja was machen, dachte ich mir unbedacht.
Also ab zum Würstchenstand, der draußen am Kaufhof dranklebt.

Sie: (wienert fleißig den ohnehin schon blankpolierten Würstchengrill.)

Ich: "Ich hätte gern eine kleine Cola."

Sie: (wienernd) "Moment".

Sie: (wienert immer noch.)

Ich: warte. Dann: "Würden Sie mir eventuell eine kleine Cola aufdrängen ?"

Sie: "Möchten Sie Ihr Würstchen mit Senf ?"

Ich: "Ich möchte keine Wurst. Ich möchte eine Cola."

Sie: "Soll das Würstchen ins Brötchen oder Brötchen extra ?"

Ich: "Ich will keine Wust. Ich will 'ne Cola !!"

Der Hirntod ist übrigens keineswegs ein Zeichen dafür, daß jemand nicht mehr lebt.

Volle Kanne leere Kassen

Allenthalben wird uns Steuerzahlern
das Märchen erzählt, die öffentlichen
Kassen seien leer. Angesichts dieser
gähnenden Lehre ist es doch immer
wieder erstaunlich, was diese leeren
Kassen alles hergeben und was der
Staat damit alles finanzieren kann.

Der große Illusionist Theo Waigel greift immer wieder in sein Schatzkästchen, von dem er
vorher noch behauptet hat, daß es völlig leer sei, und zaubert flugs zwanzig Milliarden herbei,
um den Umzug von Bonn nach Berlin zu finanzieren. Dann bittet er einen der Zuschauer,
seinen schwarzen Zylinder zu kontrollieren, ob der denn auch tatsächlich völlig leer ist.
Als der Zuschauer das bestätigt, schüttelt Theo den Zylinder kräftig, und es entschweben
ihm eine weiße Taube, ein großes, schwarzes Haushaltsloch, mehrere Eurofighter und
weitere vierzig Milliarden, mit denen in Berlin gebaut wird. Hinterher fliegen einige Tausend-
markscheine, die sich von selber in den Sand der Manege setzen.
Das Haushaltsloch fängt Theo Waigel wieder ein und redet ein paar ernste Worte mit ihm,
weil es unaufgefordert und was sollen denn die Leute denken ?
In der ersten Reihe wird ein Zuschauer frech und behauptet, angesichts des leeren Schatz-
kästchens sei der Umzug nach Berlin überhaupt Unsinn. Wie sich herausstellt, handelt es
sich um den Präsidenten des Bundesrechnungshofs. Der wird von Theo Waigel dann gleich
für die Löwennummer verpflichtet, als Leckerli.

Wann immer der Theo Geld braucht, befindet er sich in einer beneidenswerten Situation:
Er erhöht einfach irgendeine Steuer, verbreitert eine Bemessungsgrundlage, oder er erfindet
ganz neu; ein kleines Steuerchen hier, ein kleines Abgäbelchen dort - aber bitte mit Sahne !
Wie wäre es z.B. mit einer Solidaritätsabgabe auf den Solidaritätszuschlag - nur aus purer
Solidarität natürlich, damit der Zuschlag sich nicht so alleine fühlt ?
Möglicherweise werden in Zukunft Besuche beim Finanzamt und beim Zahnarzt
vergnügungssteuerpflichtig.

Theo Waigel braucht immer Unsummen von Geld, um den jeweils aktuellsten Blödsinn
zu finanzieren. Der Eurofighter z.B. wird gebaut, um der furchteinflößenden Bedrohung
zu begegnen, daß die Russen in die NATO eintreten wollen.

Während in Deutschland Arbeitslosigkeit und Staatsverschuldung ständig zunehmen,
hat Amerika die Wende geschafft. Verschüchtert fragt sich der Theo, wie das möglich war,
wo er doch den Deutschen bei jeder Gelegenheit die Taschen geplündert hat.

Das Geheimnis liegt darin, daß sexuell befriedigte Männer ihre Arbeit besser erledigen.

Zwischen den Bettlaken findet Bill Clinton zwischendurch allemal Gelegenheit, die
Arbeitslosigkeit herunterzufahren und den Haushalt zu sanieren - während Paula schläft
oder Monica oder Angie oder Emily oder Betty - oder auch mal Hillary.
Wenn ich mir dagegen die Frau von Helmut Kohl anschaue, 's Hannelörsche.....
na, das kann ja nix werden.

Beamtenbeleidigung

Beamte sind eine ganz besondere Spezies. Weil sie unter Belastung sehr leicht zusammenbrechen, hat man ihre Arbeitsplätze unter Schutz gestellt. Wenn Beamte unter den Bedingungen der Marktwirtschaft ihre Arbeit versehen müßten, stünden sie ganz schnell auf der Liste der bedrohten Arten, ziemlich weit oben angesiedelt. Das wäre denn auch der einzige Siedlungsraum, der den Beamten noch verbleiben würde.

Die Sprechzeiten von Behörden, in denen sich Beamte schutzsuchend zusammenrotten, sind ähnlich großzügig gestaltet wie die Ansetzung von Privataudienzen beim Papst. Der Bürger als solcher, soweit er sich in die Höhle des Löwen hineingetraut, wird entweder als Bittsteller oder als lästiges Insekt betrachtet, manchmal aber auch als heftige Pilzinfektion.

Wenn der Bürger großes Glück hat, erfährt er eine gewisse Bedeutung als Gebührenzahler, zahlbar an Kasse 2, geöffnet von 11:45 bis 12:00 Uhr, wenn Sie sich beeilen, schaffen Sie's gerade noch.

Manchmal stelle ich mir vor, im Laufe des Tages zur Zulassungsstelle zu fahren, dort fünf Minuten zu warten, freundlich bedient zu werden, und nach einer Viertelstunde ist die kostenlose Ummeldung auch schon reibungslos erledigt. Aber das stimmt nicht.

Auf der Einwohnermeldestelle etwa brauche ich mir überhaupt nicht einzubilden, irgendwo schon einmal gewohnt zu haben, wenn das grüne Formblatt "Einwohn/Alt/Form III" keinen entsprechenden Vermerk der Bezugsbehörde trägt. Und die Aussichten, auch in Zukunft wohnen zu wollen - und das auch noch woanders - werden durch die momentane Knappheit der rosa Vordrucke "Neuwohn/Altantrag" auch nicht besser.

Auf dem Postamt ist der Beschilderung zu entnehmen, daß an Schalter Nr. 10 Postwertzeichen in kleinen Mengen erhältlich sind. An den Schaltern Nr. 1 - 9 sind Freundlichkeit, Beratung, Service und zurückhaltende Preise in noch kleineren Mengen zu haben, ja in geradezu homöopathischen Dosen.

Apropòs Postwertzeichen: Kein Mensch - außer den Postbeamten - redet von Postwertzeichen. Und so vollzieht sich denn auch regelmäßig - an Schalter Nr. 10 - eine sagenhafte Verwandlung: Der zuständige Postbeamte reicht Postwertzeichen aus und auf der anderen Seite des Schalters, also in der wirklichen Welt, kommen *Briefmarken* an.

Das hätte der alte Houdini auch nicht besser hingekriegt.

Dragster Racing

Mitten in der Nacht, zwischen
Telefonsex-Werbung, Ansichten
aus dem Weltraum und den schönsten
Bahnstrecken Deutschlands, werden im
Fernsehen Dragster-Rennen übertragen.

Beim Dragster Rennen geht es vor allem darum, wem der Motor explodiert bzw. wann
bzw. wie heftig. Interessant ist natürlich auch, wie oft sich der Dragster nach dem Anbremsen
überschlägt. Der Rest ist uninteressant, außer vielleicht, wenn die meterlangen Flammen aus
den Auspuffrohren einmal nicht nach oben schlagen, sondern seitlich in die Zuschauerränge
oder in den Helm des Fahrers.

Wenn Scottie Scarletta beim Start 'mal wieder das 12.000 PS-Monster verschmort,
könnte ich zum Beispiel auf Ford Fiasko 0,2 das Rennen in 8:19 Minuten (auf 500 Meter)
locker-lässig nach Hause schaukeln.
Unterwegs würde ich dann noch Kaffee trinken, pinkeln gehen, ein paar Börsengeschäfte
abschließen und die Inspektion erledigen.

Die Kraft der Dragster ist schwer zu kontrollieren.
Entweder sie fahren los mit einer brutalen Beschleunigung, oder sie fräsen sich mit den
Hinterrädern in den Boden hinein, bis der Fahrer die Startposition der Astronauten im
Space Shuttle erreicht hat.

Bemerkenswert ist auch die Bremstechnik.
Gebremst wird mit Hilfe von gebrauchten Fallschirmen, die in der Mitte oft schon
Löcher haben.

Das schärfste allerdings sind die Statements der Fahrer.
Einer wurde 'mal gefragt, wie sich das mit der Asbest-Schutzkleidung gegen Feuer
verhält.

Antwort. "Mit dieser Schutzkleidung können wir Fahrer bis zu zwei Minuten im Feuer sitzen,
        selbst wenn's brennt."

Diagnose: Genau 60 Prozent

In der Medizin hat es in den
vergangenen 20 Jahren gewaltige
Fortschritte gegeben: Krankheiten,
die es damals noch gar nicht gab,
können heutzutage behandelt werden.
Vorausgesetzt, daß der Arzt sie richtig
diagnostiziert.

In den 50er Jahren lag die Quote der Fehldiagnosen bei 40 Prozent.
Heute dagegen liegt die Quote der zutreffenden Diagnosen bei fast 60 Prozent.
Die Ursache für diese pyramidale Steigerung liegt in Diagnoseapparaten, die mit einer
nie dagewesenen Genauigkeit dem Kranken verraten, daß es ihm gar nicht so richtig
gut geht. Das Computertomospexogramm teilt dem Patienten auf die zehnte Stelle
hinter dem Komma mit, daß es ihm Scheiße geht.

Die Entwicklung der Diagnostik geht so weit, daß heutzutage in Leber und Lunge
des normalen Kneipenbesuchers Schadstoffwerte nachgewiesen werden wie sonst
nur bei einem, der auf der Sondermülldeponie das Gleichgewicht verloren hat.

Erst neulich wieder hat ein Mitarbeiter des Instituts für Umwelthygiene versucht,
bei den Kneipenbesuchern im "Sporteck" die Lungen- und Leberwerte zu messen.
Er hat aber dann von irgendwelchen Besoffenen furchtbar auf die Fresse gekriegt.

In den 50er Jahren waren die Leute schon deswegen viel gesünder, weil niemand
die Bleibelastung in der Luft messen konnte. Außerdem war damals die Radioaktivität
zwar nicht gerade gesund, aber auch nicht weiter der Rede wert.

Insgesamt ist es so, daß durch die ersatzlose Abschaffung der Medizin die Volksgesundheit
rapide steigen würde, etwa auf den Stand von 1730. Sämtliche Alterskrankheiten würden
entfallen, die Leute würden viel früher sterben - aber vor allem: viel, viel gesünder !

In bester Absicht

Die Polizei sagt immer,
daß es ihre Aufgabe wäre,
Ordnung zu schaffen.
Aber Pustekuchen.
Die eigentliche Aufgabe der
Polizei besteht darin, in einem
wohlgeordneten Land wie
Deutschland wenigstens ab und zu
heilloses Durcheinander zu stiften.

Wenn einmal wieder irgendwo im Sommer ein Volksfest stattfindet, dann ist natürlich von
den Besuchern jeder Quadratzentimeter drumherum zugeparkt. Der Verkehr fließt stockend,
aber auch nicht unbedingt schlechter als sonst zur Rush-hour. Bis die Polizei auftaucht.

Der gemeine Verkehrspolizist, also der hundsgemeine, stellt an sich schon ein Verkehrs-
hindernis dar, weil er beim Strafzettelverteilen die Leute beim Ein- und Ausparken stört.
Eigentlich müßte er von den Autofahrern sofort gebührenpflichtig verwarnt werden, gemäß
§ 16a der Straßenverkehrspolizistenfehlverhaltensahndungsordnung.

Perfekt wird das Chaos allerdings erst, wenn die sieben Abschleppwagen anrücken:
Die vorher noch befahrbare Straße wird für unabsehbare Zeit blockiert, das Volksfest
nimmt seinen Gang, und sieben Autofahrer irren Stunden später mit verstörtem Blick
ziellos umher, weil sie der Meinung sind, sie hätten "hier irgendwo geparkt".
Eiige fangen zu jodeln an.

Aber die Polizei kann es noch viel besser:
Bei Demonstrationen sind grundsätzlich Polizisten dabei, um die Ordnung zu gewährleisten.
Ganz besonders viele Polizisten sind dabei, wenn diejenigen demonstrieren, die die Polizei
überhaupt nicht ausstehen können, also die rechtsradikalen Straftäter von der DVU oder
die Autonomen mit den schicken Gesichtsmasken.
Anschließend heißt es im Polizeiprotokoll immer, die anderen hätten angefangen und wären
auch nicht rechtzeitig nach Hause gegangen.

Der Schutz, den die Polizei in solchen Fällen den braven Bürgern zugutekommen läßt,
schießt mit hoher Geschwindigkeit aus den Wasserwerfern heraus, und ist so effektiv,
daß nur 29 Unbeteiligte verletzt worden sind.

Auch die Mafia hat mit der Polizei ihre liebe Mühe.
Gelegentlich geht der Polizei in Neapel ein gewisser Luigi Capone ins Netz, der aber
seine Verwandtschaft bestreitet. Unter der Androhung, gefesselt und geknebelt 20 Stunden
Verona Feldbusch im Fernsehen zu sehen, sowie alle Interviews von Modern Talking,
wird er aber dann mürbe und packt aus.
Danach ist er der Kronzeuge gegen die Camorra und belastet alle, die er gar nicht persönlich
kennengelernt hat.

Dann beginnt der Krieg zwischen den Carabinieri und den Mafiosi. Die Polizisten versuchen, die Mafiosi festzunehmen und die Mafiosi versuchen, die Polizisten umzubringen.

Hier die Bilanz: 23 tote Polizisten und eine Verhaftung des Falschen.
Unter diesen Umständen wäre es doch vielleicht besser für die Polizei, eine friedliche
Koexistenz zu arrangieren.

Bei der Berichterstattung über die
Fußball-Weltmeisterschaft in Frankreich
wurden mehrere Mannschaften als
"Geheimfavorit" bezeichnet, z.B.
Norwegen und Nigeria.

Also ging ich in mich, stieß dort auf Rudimente von Verständnis, und überlegte, was unter
einem Geheimfavoriten zu verstehen ist. Von einem Geheimfavoriten glauben nur wenige,
daß er Weltmeister wird. Aber wie wenige ?

Reicht der Trainer aus ?

Bis kurz vor der WM glaubte unter Umständen nur der Trainer der Brasilianer,
daß seine Mannschaft Weltmeister wird. Also war Brasilien zweifellos Geheimfavorit.

Aber: Was macht der Trainer ? Er stellt sich vor die Fernsehkameras und sagt, es täte
ihm *sehr* leid für die anderen Mannschaften, daß Brasilien nun schon wieder Weltmeister
wird. Und peng: Schon waren die Brasilianer kein Geheimfavorit mehr. So schnell kann's
gehen.

Möglicherweise ist der Mann weitsichtig.
Ich bin übrigens mehr als weitsichtig, ich bin hellsichtig. Ich bin derart hellsichtig, daß ich
schon fast durchsichtig bin. Manchmal bin ich auch einsichtig, auf jeden Fall zwielichtig
und in besonderen Fällen bin ich hinterlistig.

In Deutschland hat vor der WM kaum einer unsere Mannschaft zum Favoriten erklärt.
Obwohl andererseits die Mannschaft sich in so einem Turnier immer steigert und auch
Glück hat und vielleicht, also insgeheim natürlich, reißt der Bierhoff die Sache ja doch
noch irgendwie 'raus.....: Klarer Fall von Geheimfavorit.

Daß Norwegen Weltmeister wird, war noch viel geheimer.
Kein Wunder, wenn man ständig am Steilhang im Fjord trainieren muß.
Bei den Trainingsspielen wird immer gelost: Wer verliert, spielt bergauf.

Bei den Nigerianern hatte alle Welt Zweifel, ob deren Verpflegung für mehr als zwei
Spiele reichen würde.

Die wahren Geheimfavoriten sind aber überhaupt nicht bekannt.
Kein Wunder, is' ja streng geheim.
In einem natürlich geheimgehaltenen zweiten WM-Endspiel (Ort, Zeitpunkt und Sinn
der Sache geheim) treten die Faröer Inseln gegen Papua-Neuguinea an.

Die Faröer Inseln sind übrigens Geheimfavorit.

Die Robotniks sind da

Wenn es darum geht,
einfache mechanische
Arbeit zu verrichten,
sind Roboter einfach
unschlagbar.

Sie sind nie krank oder besoffen, rackern klaglos 24 Stunden am Tag und kommen nie
zu spät zur Arbeit. Sie wollen keine Lohnerhöhung, trödeln nicht herum und packen der
Sekretärin nicht an den Arsch. Sie verschütten keinen Kaffee und erzählen auch keine
zweifelhaften Witze.
Roboter stapeln schneller und schweißen präziser, als es ein Mensch je könnte.

Bei schwierigeren Aufgaben ist der Robotnik aber schnell ratlos und überfordert.
Die Firma Saab versucht derzeit, ein Autoführungssystem zu entwickeln, das so einfach
wie möglich funktioniert.
Das System funktioniert, wenn alles einfach ist.
Wenn's nicht einfach ist, funktioniert's einfach nicht.

Ausgelegt auf Kolonnenfahrt, orientiert sich die Kamera an den weißen Streifen auf der
Straße und am Abstand zum Vordermann. Diese Apparaturenkonfiguration geht locker
in die Kurve und packt auch hohe Geschwindigkeiten.
Dann allerdings schlottert der Fahrer mit den Zähnen, weil er dem System nicht vertraut.
Noch besser kommt's, wenn plötzlich eine Baustelle auftaucht: Wie von der Tarantel
gestochen, muß der Fahrer dann das System abschalten. Gelingt ihm das nicht rechtzeitig,
werden bei der Autobahnmeisterei schlagartig einige Stellen frei.

Fußball spielen können Roboter auch.
Auf einem Fahrgestell montiert, thront oben auf dem Apparillo eine Kamera.
Vorne dran befindet sich eine Schaufel, "wo den Ball schiebt oder anstößt" (Zitat
Klinsmann). Die Regeln sind vereinfacht und der Ball ist rot, wegen der Kamera.

Bei der Roboterfußball-WM spielten im Endspiel einmal Tübingen und Freiburg
gegeneinander. Freiburg gewann 2:0, weil die Freiburger Roboter den Ball öfter erkannten
und sagen konnten, wo. Bei den Tübinger Maschinchen zuckte die Kamera aufgeregt
hin und her und versuchte, zu orten. In einigen Fällen lag der feuerrote Ball immerhin
volle 5 Zentimeter vor den Tübinger Laubsägearbeiten herum.

An diesem Beispiel läßt sich erkennen, wie schwierig es ist, einer im Prinzip dummen
Maschine ein vergleichsweise einfaches Spiel beizubringen.
Der Berti hat es auch jeden Tag aufs Neue versucht.
Und, ist es ihm gelungen, bei der WM ?

Na also.

Denke nicht nach und werde reich

Wie allgemein bekannt ist,
ist Amerika das Land der
unbegrenzten Möglichkeiten.
Im Falle eines Schadens
ist Amerika das Land des
unbegrenzten Schadensersatzes.

Vor Jahren hat sich mal einer in Amiland mit dem Rasenmäher die Haare geschnitten,
weil's ja auch billiger ist. Nachdem er seinen Schädel fachgerecht in die Form einer
ägyptischen Pyramide gebracht hatte, griff er zum Telefon und beschwerte sich beim
Rasenmäherhersteller darüber, daß der Rasenmäher zum Haareschneiden völlig
ungeeignet sei. Er bekam zur Antwort - schallendes Gelächter.

Beim Pyramidenschnitzen ist das allerdings nicht sehr hilfreich.
Mr. Clever, der Rasenmäher-User, klagte natürlich gleich auf Schadensersatz.
Der Richter gelangte zu der Ansicht, daß selbstverständlich auf dem Rasenmäher ein
Warnhinweis gefehlt hat, von wegen für Haareschneiden bei Mensch, Katze, Hamster
und Eichhörnchen nicht geeignet - und übrigens auch nicht vorgesehen.
Mr. Clever kassierte 2,5 Millionen US-Dollar Schadensersatz.

Ähnliches widerfuhr der Besitzerin eines Mikrowellengeräts, die ihre nasse Katze darin
trocknen wollte. In der Mikrowelle tat die rotglühende Katze denn auch umgehend ihren
letzten Schnaufer, die Besitzerin verklagte die All American Grill Company auf Schadensersatz - und gewann. Der Katze wurden 440.000 amerikanische US-Dollar zugesprochen.

In Disneyworld war einmal eine Mutter mit ihrer kleinen Tochter unterwegs.
Da lief den beiden ein Mickymaus-Darsteller über den Weg und nahm seinen Mickymaus-
Kopf ab. Natürlich war das kleine Kind fest davon überzeugt, daß die Mickymaus *lebt*
und pausenlos mit Goofy die tollsten Späße treibt. Bis zu diesem Zeitpunkt.

Wenn man den Angaben der Mutter Glauben schenken darf, erlitt ihr Kind einen schock-
artigen Anfall von Überraschung, gemischt mit traumatischer Verunsicherung und dem
zwanghaften Drang nach Erdbeereis.

Nach Ansicht führender Psychiater ist die Störung bleibend und unbehandelbar, auch nicht
mit Erdbeereis. Da wundert es niemanden, daß die Disney Corporation zu einer Million
Dollar Schadensersatz verurteilt wurde.

Um Schadensersatzansprüche von vornherein auszuschließen, beschriftet der Hersteller
eines Superman-Kostüms das Etikett folgendermaßen: "Der Träger dieses Kostüms
kann damit **nicht fliegen**."

Schadensersatzsummen in Millionenhöhe regen natürlich die Phantasie der Amerikaner an.
Besonders beliebt ist der Mißbrauch von Haushaltsgeräten, der nach Auffassung amerikanischer Richter durch fehlende Sicherheitshinweise zustandegekommen haben wollen
sein dürfte.

So machen sich die Amis Sprudelbäder mit dem Küchenmixer, wärmen sich die Füße
mit dem Schweißbrenner, schneiden sich die Fingernägel mit dem Elektromesser und
telefonieren unter Wasser.

Das alles könnte den Anschein erwecken, es sei ein bischen irrational.
Noch besser kommt's, wenn einer Schadensersatz leisten muß wegen eines Vorwurfs,
von dem er gerichtlich freigesprochen wurde. So ist es dem guten, alten O.J. Simpson
passiert. Im Strafprozeß wegen Mordes freigesprochen, mußte er im Zivilprozeß
Schadensersatz wegen Mordes leisten.

Naja, dann wird er's wohl doch gewesen sein....

Vom Umgang mit Versicherungen

Versicherungen gegen Schadensfälle
sind eine ganz hervorragende Sache.
Nur im Schadensfall lassen sie ein wenig nach.

Nehmen wir den Fall jenes Versicherten, der eine Reisegepäckversicherung abschloß
und dann mit dem Auto verreiste. Unterwegs hielt er an einer Raststätte, um dort zu essen.
Währenddessen schlug ihm jemand die Heckscheibe ein und mopste sein Gepäck,
inklusive Kameraausrüstung.

Zurück am Auto, bemerkte der Versicherte, im folgenden Herr Glaubtreu genannt,
den Schaden und meldete ihn später seiner Versicherung.
"Is' ja halb so schlimm" dachte er sich,"ich bin ja versichert."
Doch erstens kommt es anders und halt auch Denkste.

Die Versicherung konnte sich zunächst nur vage daran erinnern, das Gepäck von
Herrn Glaubtreu versichert geglaubt haben zu wollen. Aus der Versicherungspolice
ging dann aber doch hervor, daß es sich um Gepäck handeln muß, und zwar
versichert/fehlend.

Versichertes Gepäck allein beunruhigt bei der Versicherung niemanden,
fehlendes auch nicht. In Kombination miteinander aber entsteht Unruhe.
Das gab's noch nie und liegt sowieso außerhalb des Vorstellbaren.

Und das nicht ohne Grund:
Die Versicherungs-AG schrieb Herrn Glaubtreu, sein Verhalten sei der gröbste Fall
von Leichtsinn, der ihr je untergekommen ist. Das sei geradezu bodenlos in Tateinheit
mit wahrscheinlich Vorsatz, grober Unfug, grobe Fahrlässigkeit, grober Undank und
grobe Mettwurst.

Zunächst einmal sei überhaupt nicht nachvollziehbar,

1. weshalb Herr Glaubtreu glaubte, verreisen zu müssen und
2. mit dem Auto und
3. braucht kein Mensch so viel Gepäck.

Außerdem sei

4. nicht einzusehen, warum eine einmal angetretene Reise gewaltsam unterbrochen werden
   muß und
5. ging das dann noch einher mit böswilliger Gepäckverlassung.

Für solche Fälle ist eine Reisegepäckversicherung natürlich nicht zuständig.
Die Versicherungsgesellschaft meinte zu Herrn Glaubtreu, er hätte im Hinblick auf sein
Gepäck *während* des Fahrens essen *müssen*.
In ganz besonderen Ausnahmefällen sei es hinnehmbar, im Auto sitzend auf dem Rastplatz
zu essen.

Auf gar keinen Fall aber darf der Versicherte sein Gepäck aus den Augen lassen.
Da muß doch jedem klar sein, daß er natürlich sofort seinen Versicherungsschutz verliert.

Wer allerdings sein Gepäck scharf bewacht, der braucht keine Versicherung.
Oder anders: *Weil* ihr Gepäck versichert ist, dürfen Sie es nicht eine Sekunde
aus den Augen lassen. Tja.

Der richtige Umgang mit Versicherungen ist schwierig.

Der einzige, der im Umgang mit Versicherungen großes Geschick bewies, war Onassis.
Der hat in den 30er Jahren seine Walfangflotte über die Weltmeere dirigiert, auch vor die
Küste von Venezuela. Dort war der Walfang verboten.

Die Amerikaner wollten dem bunten Treiben von Onassis endlich einmal Grenzen aufzeigen
und bewegten die Regierung von Venezuela, die Flotte von Onassis an die Kette zu legen.
Die Freude von Onassis war grenzenlos: Er hatte sich bei Lloyds in London gegen genau
diesen Fall versichert und kassierte dafür 30.000 US-Dollar p r o T a g .

So wird's gemacht.

Modern talking

Am 3. August 1998 war Dieter Bohlen
bei Alfred Biolek zu Gast, offenbar von
seinem Medienberater bestens präpariert.
Glücklicherweise brach trotzdem an einigen
Stellen Dieter Bohlen durch, wie er eben ist.

Dieter Bohlen erzählte, daß er praktisch keine Erziehung genossen hat. Das erklärt so
allerhand. Er soll schon in so manchem Restaurant ein Benehmen an den Tag gelegt haben
wie'n Kegelclub im Ballermann, mit eigenen Eimern natürlich.

Die fehlende Erziehung führte natürlich auch dazu, daß Klein-Dieter alles alleine lernen
mußte bzw. hätte lernen sollen.
Er selbst meint dazu: "Ich kann nur aus Fehlern lernen, sonst nicht."
Auch 'ne Methode.

Was er offenbar nicht gelernt hat, ist, daß Geld keinen Ausgleich für bestimmte Persönlich-
keitsdefizite darstellt. Selbst wenn es so wäre, hätte unser Dieter sicherlich zu wenig Geld,
um die Abgründe zu verfüllen, auf die er so stolz zu sein scheint.

Zum Thema Geld sagt Dieter Bohlen, er hätte bei Frauen immer das Gefühl, die würden
denken: "Ich greif' mir halt den Bohlen und morgen hab' ich 'ne Mio."
Naja, was sollte sonst eine Frau an Dieter Bohlen reizen ?
Wenn eine Frau gerne lacht, dann findet sie es vielleicht reizvoll, daß überall da,
wo Dieter auftaucht, schallendes Gelächter ausbricht.
Aber sonst....

Ganz besonders eindrucksvoll wirken auch seine Selbstdarstellungsversuche.
Den Herrn Biolek hat er gaaanz besonders beeindruckt, als er erklärte:
"Ich hab' unter anderem 17 goldene Schallplatten, die sind aber nich' aus Gold,
die hängen da nur so 'rum."
Was will uns der Dichter damit sagen ?
Sollte uns das nicht zu denken geben ? Ich denke, nicht.

Ob er denn auch 'mal größere Fehler gemacht habe, wurde er auch noch gefragt.
(Neben sämtlichen Titeln von Blue System/Anmerkung des Autors) hat er gemeint,
mit Alkohol Fehler gemacht zu haben. Er hätte es halt auch irgendwie nicht lustig
gefunden, morgens im Park auf allen Vieren herumzuliegen und nicht zu wissen, wo.
Nach diesen Exzessen kam er dann zu der Ansicht: "....über'n Alkohol müßte man
'mal nachdenken." Ja, schon. Aber womit ?

Die ganze Sendung stand übrigens unter dem Stichwort "Männlichkeit".
Zum Schluß fragte ihn dann Alfred Biolek noch, ob seine Affäre mit Verona
Feldbusch an seiner Männlichkeit gekratzt hätte.
Darauf Dieter Bohlen: "Nee, ich hab' ja vorher schon 'ne Menge Fehler gemacht."

Accidente ?

Ich war einmal in Spanien unterwegs,
mit dem Auto. Ich wollte mir die sagen-
umwobenen Palmenhaine von Los
Blodos Touristas anschauen.

Auf der Landstraße fuhr ich dann erst einmal an der Abzweigung vorbei, die ich hätte nehmen
müssen. Ich hielt kurz danach auf dem Seitenstreifen, um auf die Karte zu sehen. Da stoppte
neben mir ein Sheriff der Guardia Civil auf seiner Harleyas Davidsonatas. Er schaute mich
fragend an und ich schaute noch fragender zurück. Sein Blick schien zu sagen: Du willst hier
halten ? Was soll ich davon halten ? Blöde Touristen auf dem Seitenstreifen mag die Guardia
Civil gar nicht.
Nun, er bedeutete mir, weiterzufahren.
Dann blubberte er seines Weges.

Ungefähr zweihundert Meter vor mir befand sich eine kleine Anhöhe. Der ganze Highwayas
lag einsam und verlassen in der flimmernden Hitze. Ich machte noch eine blöde Fratze zu
meinem kleinen, roten Pfeifbackendrüsling und wendete den Chevy.

Da geschah es: Ich hörte einen heranfliegenden, verzweifelten Fluch und einen fürchterlichen
Aufprall. Glas splitterte. Der Pfeifbackendrüsling neben mir erschruk und schrie auf.
Ich blieb ganz lässig. Was war denn schon passiert ? Ein spanischer Motorradfahrer hatte
uns mit Tempo 200 gerammt. Na und ? Es konnte immer noch ein schöner Tag werden.

Der spanische Tiefflieger hatte die nutzbare Länge meines stolzen Straßendampfers um
einen Meter verkürzt und die nutzbare Anzahl seiner Beine vorübergehend um eins reduziert.
Er kam sofort ins Krankenhaus, die Verletzung war halb so wild.

Wie sich herausstellte, war der Motorradpilot Felipe Gonzalez Fazanatas, Sohn des
pyramidalen Stierkämpfers Rodriguez Fazanatas. Der frühstückt Jungbullen und tötet
abends die ausgewachsenen nur mit seinen Blicken.
Felipe Fazanatas war wahrscheinlich so tief geflogen, um der Radarortung durch die
Flugsicherung zu entgehen.

Nach meiner Berechnung hatte Felipe von der Anhöhe an etwa 2 Sekunden Zeit gehabt,
zu reagieren. In 2 Sekunden kann man aber ein Motorrad mit Tempo 200 nicht sicher
landen.

Das Denkmodell für eine Geschwindigkeitsempfehlung der spanischen Verkehrrsbehörde
an dieser Stelle lag bei Tempo 70.

Der Sheriff von vorhin erschien, rief per Funk einige Kollegen herbei, die richtig gut fanden,
daß endlich einmal etwas passiert war, und bis zum Eintreffen des rollenden Polizeibüros
spielten die Polizisten mit den Trümmerteilen des Motorrads erst einmal eine Runde Futbol.

So nahmen die Dinge ihren Lauf.

Ich verschwieg, daß ich an der Unfallstelle gewendet hatte, niemand hatte es gesehen
und für Felipe Gonzalez Fazanatas war sowieso alles viel zu schnell gegangen.
Sein Motorrad wurde für schuldig befunden und verschrottet.
Ich beantragte Unfallschadensersatz.

Zurück in Deutschland, wartete ich kaum 2 Jahre auf mein Geld und peng: Schon hatte ich
einen Scheck in der Hand. Mit dem Scheck ging ich zu meinem Banker. Mein Banker nahm
den Scheck entgegen, betrachtete ihn und gelangte zu der Ansicht, daß der Scheckaussteller
ein gewisser Marcos Alemanos sei. Mußte es nicht Felipe Fazanatas sein ?
Er war es auch, denn Marcos Alemanos heißt Deutsche Mark.

Also: Spanien ist ein kleines, faules Land - aber sie wissen ganz genau, wie man Schecks
        ausstellt.

Und nun: Die Nachrichten

Kasachstan:
Im russischen Kasachstan ist heute morgen um 4 Uhr 35 über Nowosinirgendwo
ein Transportflugzeug der Aeroflot nicht abgestürzt. Die 32 Insassen wurden nicht
verletzt, weil sie nicht ins Krankenhaus eingeliefert wurden.

Köln:
Aus dem Zoo in Köln ist gestern ein Känguruh entsprungen.
Wie ein Sprecher des Zoos mitteilte, sei das Känguruh entlaufen, es war aber
dann doch mehr entsprungen.

Die International Boxing Federation hat sofort reagiert und einen Halbschwergewichtskampf
gegen Rocky "BumBum" Marciano arrangiert.
Die Börse beträgt für Marciano DM 150.000.-, für das Känguruh gibt es im
Falle eines Sieges einen geflochtenen Tragekorb, weil der Beutel ausgeleiert sein soll.

Washington:
Wie erst heute bekannt wurde, haben es Bill Clinton und seine Sexualtherapeutin
auf einem Steuerungspult für ferngelenkte Raketen gemacht.
Dabei wurden versehentlich zwei Raketen abgefeuert, die eine in den Sudan,
die andere nach Afghanistan.
Der Präsident erklärte, es täte ihm *sehr* leid.

Konstanz:
Orientierungsloses Orientierungssystem in der Klinik
Eine kuriose....Entschuldigung....eine furiose Leistung beging das Krankenhaus in
Konstanz. Bei der Inhalation....Entschuldigung....Installation eines Orientierungssystems
in der Klinik wurden DM 35.000.- ausgegeben für das System, weitere DM 350.000.-
mußten für die Schulung der Mitarbeiter ausgegeben werden, die aber den Schulungs-
raum nur unter großen Schwierigkeiten finden konnten. Acht Ärzte mußten neu eingestellt werden, weil ein Teil des Personals sich ständig im Grundseminar befindet:
How to find the fucking Orientierungstafel ?

Wer's kauft, wird selig

Inne Firma, wo ich schaffe tu,
hängen seit einigen Tagen einige
Bilder herum, von denen keiner weiß,
was die da sollen und wer dafür
verantwortlich gemacht werden muß.
Früher, vor dieser unseligen Ausstellung,
war dieser Raum an sich ganz ansehnlich.

Was im einzelnen im Rahmen dieser Ausstellung der Öffent- und damit der Lächerlichkeit
preisgegeben wird, ist nur schwer zu beschreiben und wozu auch ?
Nur soviel: Das ganze sieht aus wie von einem Epileptiker gemalt, während eines
Anfalls. Ich will nicht so weit gehen zu behaupten, daß es so ist, ich stelle diese
Vorstellung nur 'mal so in den Raum, genau wie die Künstlerin ihre.

Die Stilrichtung ist einerseits gegenständlich, andererseits nicht sehr umständlich,
also eher orthodox-primitiv orientiert. Ein armer Ritter rostet vor sich hin im
Aprikosenduft, ein Drahtverhau aus Katzefratze grinst mich ungefragt an.
Das linke Augenlid ist nach innen gerollt. Ein Arm wächst aus ihrem Hals heraus,
dessen Finger übrigens einen gaanz prima Zigarettenhalter abgeben.
Die rechte Augenbraue ist explodiert.

Bei der Betrachtung erschließt sich mir das, was ich da sehe, nicht sofort.
Die Erkenntnis kommt erst einige Sekunden später an Krücken hinterhergehumpelt.
Nach meiner Ansicht handelt es sich um aktive und unverblümte Betrachterveralberung.

Die Firma hat's aber nicht gemerkt und zwei der Bilder gekauft, auf denen die Häßlichkeit
allerdings nur im Kleinformat auftritt. Das ist besser verkraftbar, das Leben ist schließlich
auch so hart genug.

Einer, der die Künstlerin persönlich kennt, meinte zu mir, sie wäre auf dem Weg nach oben.
Nach meiner Einschätzung ist sie auf dem besten Wege, in ein Land zu reisen, aus dem
ohne ärztliche Behandlung bisher noch keiner zurückgekehrt ist.

Ich habe den Malstil auch schon indentifiziert:
Er ist neo-mongoloid.

Befehl ist Befehl

Bei der Armee gilt allgemein das
Prinzip von Befehl und Gehorsam.
Der vorgesetzte Brüllaffe gibt einen
Befehl und der Rangniedere wird
gehörgeschädigt.
Im allgemeinen werden Befehle aus-
geführt, auch wider besseres Wissen.
Bei der Marine ist es genauso.
Nur manchmal machen die Marinesoldaten
ein paar Seemannsknoten in den Befehlsstrang.

Die Situation: 2. Weltkrieg. Ein deutsches U-Boot ist im Atlantik auf Feindfahrt.
Der Kapitän im Turm sichtet einen britischen Geleitzug. Er gibt folgende Befehle an
den 1. Offizier:

"Klarmachen zum Tauchen. Periskop ausfahren. Tiefenruder vorne unten zwanzig,
hinten oben zehn. Halbe Fahrt. Alle Mann auf Gefechtsstation. Die Offiziere zu mir
in die Messe. Klar bei Turmluk. Rohr eins bewässern. Klar zum Schuß. Feuerleitlösung
errechnen. Umschalten auf Batterieantrieb. Und das ganze bischen dalli !"

Im Lärm der Maschinen versteht der 1. Offizier nur die Hälfte. Macht aber nichts.
Er gibt die Befehle trotzdem weiter:

"Jemand will tauchen, also Periskop einfahren. Das Ruder muß vorne zwanzig Meter tiefer,
hinten zehn Meter nach oben. Wir müssen diesmal nur die halbe Fahrt mitmachen. Die
Station mit alle Mann außer Gefecht und Batterien geholt. Der Geistliche will eine Messe
lesen. Es lugt jemand ganz klar in den Turm. Hat einer mal Feuer ?"

So - oder so ähnlich - kommt das ganze beim Leitenden Ingenieur an. Der steht noch näher
an den Maschinen dran. Macht aber nichts. Man hat ja schließlich seine Routine:

"Die Offiziere sollen sofort auf Batterieantrieb umgeschaltet werden. Der Pfarrer ist außer
Gefecht. Feuer in der Messe. Das Rohr vom Kapitän muß bewässert werden, sonst paßt
er nicht durchs Turmluk. Die Ruder auf halbe Fahrt, das Periskop vorne zwanzig Meter
tiefer, hinten zehn Mann nach oben. Die Station hat'n Schuß oder was ?"

Soweit ist alles klar. Jetzt das, was in der Zentrale ankam:

"Der Kapitän ist voll in Fahrt, das Boot nur halb. Der Geistliche ist nicht mehr auf Station,
aber seine Mütze brennt. Die Batterien liegen zehn Meter hinten. Der Turm liegt unter Feuer,
schießt aber zurück. Das Periskop taucht die nächsten zwanzig Meter allein und die Offiziere
beten in der Messe. Keiner hat Feuer und der Leitende sucht eine Lösung."

Tja, auf diese Weise hat Deutschland den U-Boot-Krieg verloren. In den Geschichtsbüchern
steht, das hätte an der Entschlüsselung des deutschen U-Boot-Codes durch die Briten
gelegen und an der Erfindung des Sonar.
Alles Mumpitz.
Die Maschinen waren zu laut.

Tour de Trance

Bei der Tour de France 1998 hat sich ein
Vorfall ereignet, der in der Geschichte des
Radsports einmalig ist. Nachdem ungefähr
elf verschiedenen Teams (also nicht etwa
elfmal demselben) die Einnahme angeblich
verbotener Substanzen nachgewiesen wurde,
stoppte der Konvoi der Fahrer auf freier Strecke,
die Fahrer setzten sich auf die Straße und empörten
sich. Sie waren offenbar der Ansicht, daß die Doping-
Kontrollen unzulässig intensiv sind und wie soll man da
dann davor noch sicher sein ?

Das Team Telekom war angeblich nicht gedopt, zeigte aber sehr gute Leistungen.
Allerdings kann ich mir kaum vorstellen, daß ein nichtgedopter Fahrer heutzutage
vorne mitfahren kann. Nichtgedopte Fahrer kann ich mir bestenfalls noch als
Getränkeposten, Zeitnehmer und Zielflaggenschwenker vorstellen.
Schließlich macht es keinen Spaß, nach Abbau der Zieleinfahrt mutterseelenallein,
im Dunkeln, morgens um halb vier, da anzukommen, wo die Zieleinfahrt gewesen
sein müßte.

Diejenigen, die es mit den Muntermachern hemmungslos übertrieben haben, fahren dem
Feld anfangs weit voraus, aber nur am Anfang. Nach dem unvermeidlichen Kollaps
liegen sie dann japsend im Straßengraben, während der Rest des Fahrerfelds grinsend
an ihnen vorbeizieht. Einige zeigen noch kurz die Schachteln der Präparate, mit denen
sie unterwegs sind.

Daran kann man sehen, daß der pharmazeutische Fortschritt unaufhaltsam ist.

Auch die Umgehung der Kontrollen hat sich weiterentwickelt:
Entweder sind die ganz neu entwickelten Substanzen nicht nachweisbar;
oder die Sportler trinken zehn Tage lang nichts und lassen sich kurz vor der Kontrolle
das Blut abpumpen.
Beides hat sich längerfristig nicht bewährt. Waren es vor der Doping-Probe oft noch
über 200 Teilnehmer, waren es nachher manchmal nur noch fünf.

Ich bin ohnehin der Meinung, daß Doping-Kontrollen sinnlos sind.
Als Gesellschaftsspiel allerdings haben sie einen gewissen Reiz.

Immer neue Bestzeiten sind sowieso nur möglich nach Einnahme von Multischub Gti Rektal.
Wenn die Radrennfahrer dann nach Aufstellung eines neuen Rekords kurz hinter dem
Ziel Lähmungserscheinungen kriegen, dann braucht das Fernsehen das ja nicht mehr
zu übertragen.

Der Amerikaner an sich

Wenn er nicht gerade
Schloß Neuschwanstein
bewundert, findet man den
Amerikaner im allgemeinen
in Amerika, wo er unter
seinesgleichen dann nicht
weiter auffällt.

Der Amerikaner an sich hat es inzwischen auf eine Bevölkerungszahl von etwa 300 Millionen
gebracht. Nach Abzug aller Einwanderer steht zweifelsfrei fest, daß sie sich irgendwie ver-
mehrt haben müssen. Wie sie das gemacht haben, bleibt ihr Geheimnis, ist doch das Wissen
um die menschliche Fortpflanzung genauso streng geheim wie die genaue Zusammensetzung
der schwarzen Brause aus Atlanta/Georgia.

Auf diese Weise glauben denn auch die amerikanischen Mädchen, daß man vom Küssen
schwanger wird - bis ihnen der Typ mit der Tätowation demonstriert, daß dem nicht stimmt.
(Man gewöhnt sich an allem, auch an dem Dativ.)

Wer sich am Strand umzieht und nicht augenblicklich eine Litfaßsäule aus gesteiften Hand-
tüchern um sich herum auftürmt, der bedroht ganz klar die nationale Sicherheit.

In Amerika gibt es zwischen Stadt und Land größere Unterschiede als bei uns.
Dem deutschen Touristen kann es weitab der Städte durchaus passieren, daß er
zwischen Maiskolben und Weizensilo von Mister Hillbilly gefragt wird, ob wir
Deutschen eigentlich immer noch in Pferdekutschen reisen und ob wir schon 'mal
einen Kühlschrank gesehen hätten.
Die Gegenfrage muß natürlich lauten, ob er schon 'mal ein Schulbuch gesehen hat.

Das amerikanische Bildungssystem ist überhaupt eine Sache für sich.
Unterhalb des Universitätsniveaus wundern sich die amerikanischen Lehrer, warum
deutsche oder französische Austauschschüler fast immer ihren amerikanischen Alters-
genossen überlegen sind. Das liegt daran, daß für die amerikanischen Schülerinnen
eigentlich nur von Bedeutung ist, ins Cheerleader Team aufgenommen zu werden.
Für die Jungs geht's darum, den 80-Yards-Pass vom Quarterback zu fangen und in
einen Touchdown zu verwandeln - wegen der Cheerleader.

Nach fester Überzeugung der meisten texanischen Rinderzüchter kann jeder Lernstoff
jedem in 20 Minuten vermittelt werden: 10 steps to become a governor, 5 steps to win
the chemistry nobel prize, 3 easy-to-learn chapters to build a nuclear weapon - no problem.

Der gemeine Amerikaner glaubt an Gott und ganz fest daran, daß Gott ein Amerikaner ist.
Wenn jemand zugibt, nicht an Gott zu glauben, dann ist er ein Kommunist - und das ist
strafbar.

In den Medien laufen die größten Brutalitäten und Perversionen für jedermann - aber
ein winziges Körnchen Kommunismus wird als hochgiftig eingestuft und muß sofort in
den Panzerschrank.

Zum Essen hat der Amerikaner an sich auch eine eigenwillige Einstellung.
Wenn auf einen Cheeseburger eine zweite Scheibe Käse vulkanisiert wird, dann
gehört das zweifellos in den Bereich der Feinkost.
Unter nouvelle cuisine versteht der Amerikaner, daß Burger King eine
All-you-can-eat-hour einrichtet.

Noch etwas ist typisch für den Amerikaner an sich:
Trotz allem und überhaupt baut er tapfer ein Holzhaus mitten ins Hurricane-Gebiet
und hofft, solange es noch steht.

Für die Amis ist es offenbar auch das gottgegebene Recht des volljährigen Drogensüchtigen,
sich für 50 Dollar im Laden einen gebrauchten 45er zu kaufen. Gleichzeitig plädiert er für
härteste Strafen für Straftaten mit Schußwaffen.

Beneidenswert an Amerika finde ich, daß es dort zahllose Dienstleistungen gibt, die
hierzulande erst noch erfunden werden müssen. Die Reinigung etwa holt die Hemden
beim Kunden ab, wäscht sie zu heiß, verfärbt sie und bringt sie dann zurück.
Echt nicht schlecht.

Der Besitzer eines Pudels läßt seinen Hund scheren und ihm das Fell rosa färben.
In solchen Fällen ist meist der Hundebesitzer schwul, der Hundefriseur sowieso -
und der Pudel wird es mit der Zeit.

Immer weniger macht der Amerikaner selbst, mehr und mehr läßt er erledigen.
Er läßt seine Kinder von jemand anders verhauen und engagiert jemanden, der
an seiner Stelle von seiner Frau ausgeschimpft wird.

Er läßt sich im Büro vertreten (Rent a clerk),
im Schlafzimmer (Rent a sex machine),
in der Freizeit (Rent a bowling champion)
und beim Entrichten der Steuernachzahlung (Rent a Vollidiot).

Ein großartiges Land.

Ich fühl' mich wie ausgewechselt

In der Fußball-Bundesliga kommt
es gelegentlich zu wechselhaften
Erscheinungen, vor allem durch Wechsel.
Besonders bunt geht's zu, wenn die Spieler
Vertragsabschlüsse dementieren müssen,
die ihnen die Journalisten angedichtet haben.
Aber auch der umgekehrte Fall ist nicht ohne
Reiz.

Im vorliegenden Fall verhält sich die Sache so:
Der Dortmunder Torhüter Stefan Klos hat gerade einen Vertrag beim schottischen Verein
Glasgow Rangers unterschrieben. Als sein Nachfolger im Tor der Borussen steht Jens
Lehmann von Schalke 04 bereits fest.
Jens Weißviel, der unheimliche Geheimnisrauskrieger von Sat 1, hat das Geheimnis wieder
einmal als erster entlüftet und daher Stefan Klos, Jens Lehmann und den Manager aus
Dortmund, Michael Meier, vor die Kamera geholt. Das Interview ging live und unpoliert
in alle Himmelsrichtungen:

Jens Weißviel: "Kindermund tut Kunde kund, so auch heute wieder. Jens Lehmann:
              Sie sollen ja so allerhand, wie man so hört, nicht wahr ?

Jens Lehmann: "Nicht wahr."

Jens Weißviel: "Ja, gut, dann jetzt zu Ihnen, Herr Kloß. Wie Sie wahrscheinlich noch nicht,
              aber gleich: Stefan, Sie werden mit einem schottischen Verein, den Glasgow
              Rangers, in Mitleidenschaft gebracht. Halten Sie das für angebracht ?"

Stefan Klos: "Ja, gut, ich sach ma, Schottland is Teil vonne Insel, wo keiner Fußball hat.
              Und es wird auch nur ganz selten einer angeschwemmt."

Jens Weißviel: "Angeschwemmt, jou. Jens Lehmann: Sie werden ja neuerdings durch
              Dortmund geschwemmt und es werden Verbindungen an Ihnen angebracht.
              Ist das ganze überhaupt wahr ?"

Jens Lehmann: "Nicht wahr."

Jens Weißviel: "Ja, nicht wahr. Stefan Kloß, oder, wie Ihre Freunde Sie nennen: Stoffel
              Kloß, also Kartoffelkloß...Wie steht's nu mit Schottland ? Wie? Was ?"

Stefan Klos: "Ja, in Schottland ist das Wetter ja im allgemeinen nüblig treb, manchmal auch
              treblig-nüb oder trüblig-neb. Bei *dem* Wetter ist an Fußball überhaupt nicht
              zu denken."

Michael Meier: "Genau."

Jens Weißviel: "Halt Du Dich da raus. Stefan: Man munkelt da ja so über die Glasgow
              Rangers...."

Stefan Klos: "Ich kenne keinen Verein, der Grasgrow Strangers heißt. Wenn überhaupt, dann geh ich zu Scotland Yard."

Jens Weißviel: "Is Ihr Vertrach jetzt hier im Bach ?"

Stefan Klos: "Ich habe keinen Vertrag mit den Lowgras Losers. Außerdem habe ich hier in Dortmund einen Vertrag bis 2094 zu erfüllen."

Michael Meier: "Genau."

Jens Weißviel: "Warum gehst Du nicht **draußen** spielen, Michi ?

Stefan Klos: (auf Jens Lehmann deutend): "Was macht *der* eigentlich hier?"

Michael Meier: "Ja, genau. Würd ich auch gern wissen."

Jens Weißviel: "Bist Du **noch** nicht draußen ?"

Jens Lehmann: "Kennen Sie den schon ? Da streiten sich zwei Leute und der eine hat genug vom Streiten. Er meint: "Komm, laß gut sein. Vertragen wir uns wieder." Da meint der andere: "O.K. Ich hab auch genug. Dann wünsch ich Dir jetzt all das, was Du mir wünschst." Darauf der andere: "Fängst Du schon wieder an ?"

Michael Meier: "An sich brauchen wir ja nur **einen** Torhüter."

Emile's Devise

Aus den Untiefen von RTL 2
taucht ab und zu einer auf, den
man gesehen haben sollte:
Emile Ratelband, der brüllende
Holländer. Emile, die olle Tulpen-
zwiebel, ist seines Zeichens
Motivationstrainer.
Wie er das so macht mit der
Motivation, ist schon sehenswert.

Auf einem Seminar mit 500 Arbeitslosen z.B. spritzt er die Leute mit einer Wasserpistole
naß und brüllt immerzu: "Tschaka - Du schaffst es !" (...ob Du willst oder nicht.)
Einige wollen sogar.

Denjenigen, die wieder arbeiten wollen, garantiert er, innerhalb von drei Monaten einen
Job zu finden. Wenn das diesen Leuten dann nicht gelingt, ja, dann tut's mir leid, dann
haben sie's eben nicht richtig gewollt. Vom Wollen versteht der Emile richtig was.

Wenn einer nur richtig will, dann kriegt er auch.
Entweder das, was er will, oder zwischen die Hörner.
Aber kriegen tutet er in jedem Fall irgendwas.

Als Emile mit den Arbeitslosen fertig war, haben die unter dem nervenzerfetzenden
Schlachtruf "Tschaka" das örtliche Arbeitsamt gestürmt - und ihre Stütze abgeholt.
Auf dem Flur für die Buchstaben KAZ bis MOFL sollen einige sogar quer in der Luft
gelegen haben.

Einem Bungee-Springer, der einen 50-Meter-Sprung mit einem 60 Meter langen
Gummiseil versuchen wollte, rief er zu: "Tschaka - Du schaffst es !"
Wenn sich einer was vorgenommen hat - dann nur zu !

Evander Holyfield und Francois Botha waren auch bei Emile, für zum Motivieren lassen.
Evander Holyfield hat sich ganz fest vorgenommen, sich von Mike Tyson keinerlei
Körperteile mehr abbeißen zu lassen (er schafft es).
Und Francois Botha hat sich vorgenommen, Mike Tyson umzuhauen (er schafft es nicht).

Emile Ratelband selbst braucht sich nicht zu motivieren -
bei Tagesgagen von bis zu DM 50.000.-.

Gestern habe ich mir vorgenommen, mich auch einmal vom großen Meister
motivieren zu lassen. Ich will nämlich den Atlantik durchschwimmen.
Das letzte, was ich hörte, war "Tschaka".
Dann schlugen die Wellen über mir zusammen.

Wir hätten Holland im Krieg lieber nicht besetzen sollen.

Der Physicus

Da ich zu Hause einen Teilchenbeschleuniger
stehen habe, bin ich in der Lage, mit den
Teilchen zu spielen, wie ich gerade lustig bin.
O.K., das kann der Bäckerlehrling auch,
aber meine bieten viel mehr Möglichkeiten.

Gerade letzten Sonntag abend - mir war halt so langweilig - habe ich einen Effekt erzeugt,
den ich Elektronenbeugung genannt habe. Das geht so: Unter dem Einfluß des Magnetfeldes
meines Elektroflux Masterplus Supertronic 8000 wird an der einen Stelle im Raum ein
Elektron unterdrückt, wodurch an anderer Stelle ein neues, baugleiches, erzeugt wird.
Es handelt sich dabei *nicht* um dasselbe Elektron, sondern um das gleiche, und das ist
ja schließlich nicht dasselbe.
Das funktioniert auch mit den anderen Elementarteilchen.

Damit habe ich natürlich die technische Grundlage für das Beamen gelegt.
Wenn Sie morgen früh wieder im Stau stehen, werden Sie mir dafür noch einmal
dankbar sein. Allerdings nicht direkt morgen.

Der Morgen, an dem Sie sich zur Arbeit beamen lassen können, statt mit dem Auto zu
fahren, ist noch ungefähr 2000 Jahre entfernt. Das liegt an der unterentwickelten Speicher-
kapazität der Computer.

Biochemisch betrachtet, ist das Problem allerdings weitgehend gelöst.
Der Mensch besteht zu 95 % aus Wasser. Beim Mann bestehen die restlichen 5 % aus
Gerste, Hopfen, Malz und Marlboro. Bei den Frauen bestehen die fehlenden 5 % aus
Batida de Coco.

Vielleicht ist es in 20 Jahren technisch möglich, ein Objekt wie etwa einen Tischtennisball
an der einen Stelle verschwinden und an anderer Stelle wiederauftauchen zu lassen.
Wenn es soweit ist, werde ich das dann bei meiner nächsten Tischtennis-Begegnung
ausprobieren. Da ergeben sich ja ungeahnte Möglichkeiten....

Auch mein Spiegelteleskop bereitet mir großen Spaß.
Ich kann damit 15 Milliarden Lichtjahre weit in den Weltraum hineinsehen.
Wußten Sie übrigens: Wenn ich einen Stern betrachte, der 15 Milliarden Lichtjahre
entfernt ist, dann blicke ich in der Zeit 15 Milliarden Jahre zurück. Wenn ich also den
Stern sehen will, wie er heute aussieht, dann muß ich noch 15 Milliarden Jahre leben.
Das schaffe ich wahrscheinlich nur, wenn ich das Rauchen aufgebe....

Was bei solchen Betrachtungen immer etwas stört, ist die Lichtgeschwindikeit.
Nach Einstein ist die Lichtgeschwindigkeit die absolute Höchstgeschwindigkeit.
Die Verteter der Urknall-Theorie dagegen gehen davon aus, daß sich die Materie
kurz nach dem Super-Bums mit **Über**lichtgeschwindigkeit ausgedehnt hat.

Ja, was'n nu ?

Meine persönliche Erfahrung sagt mir, daß die absolute Höchstgeschwindigkeit für bewegte
Materie bei exakt 250 km/h liegt.
Da werden die ja sowieso alle elektronisch abgeregelt.

Das Verkehrsgericht tagt

Der moderne Mensch
kann vieles machen,
nur eines kann er nicht:
einen freien Parkplatz finden.

Heiß umkämpfte Parkplätze sind gelegentlich der Anlaß für Streitereien, die zu handfesten
Auseinandersetzungen führen können. So auch in diesem Fall.

Die Szene: Auf dem Parkplatz eines Baumarkts gibt es keinen Parkplatz. Plötzlich
- man vermag es kaum zu fassen - schickt sich ein Autofahrer an, seinen Parkplatz zu
verlassen. Zwei Frauen mit ihrem Auto haben sich schon bereitgestellt, diesen Parkplatz
zu besetzen. Der Platz wird frei, und ein Opel Kadett GSI fegt in die Lücke, wie ein
geölter Blitz.

Drin sitzen zwei Proletarier, deren Lebensinhalt aus zwei Dingen besteht:

1. Tiefer, schneller, breiter   und
2. Faxen los hier ? Faxendosbier !

Beide Parteien gingen sofort auf Gefechtsstation.
Die Kampfhandlungen konnten beginnen.

Was sich dann im einzelnen abgespielt hat, ist nur schwer zu ermitteln.
Die Darstellungen des Gefechtsablaufs beider Parteien driften ein wenig auseinander.

Jedenfalls hatten am Ende es Gefechts zwei Autos und ein weiblicher Mittelhandknochen
ihre usprüngliche Form aufgegeben. Außerdem war ein Einkaufswagen unter die Räder
gekommen, einer der Männer hatte einen beinahe geprellten Ellenbogen und die Frauen
hatten den GSI der beiden Parkplatzentwender mit reichlich Senf und Mayonnaise ver-
schönert.

Die beiden Parteien zeigten sich dann gegenseitig an, wegen Körperverletzung, Nötigung
und unhöflicher Ausdrucksweise. Der Fall landete vor einer Schiedsstelle, die dem
Verkehrsgericht vorgeschaltet ist. Die Schiedsstelle machte das Angebot, daß beide
Parteien ihren Sachschaden selbst tragen, sowie Nötigung und Beleidigung entfallen.
Der gebrochene Mittelhandknochen bei einer der Frauen sollte vom Fahrer des Opel
mit 3.500 Mark Schmerzensgeld abgegolten werden.

Der war dann der Meinung, daß die beiden Schnepfen ihn mal kennenlernen sollen
und jetzt erst recht.

So ging die Sache vor Gericht, wo beide Parteien dann ein schlechtes Geschäft machten.
Das Schmerzensgeld blieb bestehen, beide Parteien mußten eine Strafe zahlen und haben
sich zusätzlich noch vorübergehend von ihrem Führerschein distanziert.

Der Richter bemerkte, das Verhalten beider Seiten beim Streit um den Parkplatz sei schon "skurill". Der Mann scheint Bahnfahrer zu sein.
Jedenfalls hat er keinen Schimmer davon, wie schwierig es ist, heutzutage einen freien Parkplatz zu finden.

Daß am Schluß keine vier leblosen Körper auf dem Asphalt herumlagen, das grenzt nach meiner Ansicht fast schon an Selbstbeherrschung.

Die CSG auf Achse

Wußten Sie eigentlich, daß in so
mancher Cocktailbar völlig unzulässige
Drinks serviert werden ?
Dem kann ich abhelfen.

In den Frankfurter Cocktailbars werden Drinks serviert mit zuviel Milch, zuwenig Alkohol
und auch noch ohne Papierschirmchen, für DM 19,80. Das ist ein skandalöser und unhaltbarer
Zustand, dem wir entgegentreten.

Wir, die Cocktailschutzgruppe, kurz CSG 0,9.
Wir legen größten Wert auf die Einhaltung von Cocktailrezepten.
Denn stellen Sie sich mal vor: Was wäre die Pina ohne Colada, der Screw ohne Driver,
die Bloody ohne Mary, der Dai ohne -quiri, der Man ohne -hattan und der Schwubdi
ohne -wups.

Wir, die CSG, spüren in allen Bars der Umgebung unzulängliche Drinks auf, trinken sie aus
und verschwinden - wie ein Dieb in der Nacht.

Vorher überlegen wir sehr wohl, was wir da tun - und handeln dann spontan.
(Spontane Handlungen wollen ja wohlüberlegt sein.)

Wir halten es einfach für unsere Pflicht, die Besucher von Cocktailbars durch unseren
heldenhaften Einsatz vor halbfertigen Drinks zu schützen. An diesem Punkt machen wir keinen
Abstrich (schließlich sind wir keine Ärzte).

Bezahlt haben wir noch nie.

Jetzt fragen Sie sich vielleicht, was das soll und überhaupt.

Dazu kann ich nur sagen: Irgendjemand muß den Job ja machen.

Wegschauen lohnt sich

Vor kurzem bin ich umgezogen
und in meiner neuen Wohnung
war der Kabelanschluß abgeschaltet.

Also hatte ich das zweifelhafte Vergnügen, mir ARD, ZDF und HR 3 anzuschauen.
Ich kam mir in die 70er Jahre zurückversetzt vor. Erinnern Sie sich noch ?

Die Telefonzellen waren allesamt noch gelb, das Benzin kostete 89,9 Pfennige,
Arbeitslosigkeit war nur was für arbeitsscheue Elemente, in den Lebensmittelläden
wurde man bedient, an einer Tankstelle namens Texaco wurde einem die Scheibe
geputzt, der Ölstand gemessen und der Luftdruck kontrolliert, und im Fernsehen
lief um fünf die "Drehscheibe". Kurz nach der Drehscheibe erschien für eine Minute
eine Schrifttafel: "Wir schalten um."
Das dauerte dann eine Weile.

Per Antenne kamen ARD und ZDF ins Haus, und ein Drittes Programm.
Bei uns gab es immer großes Hallo, wenn es gelang, zusätzlich WDR 3 inclusive
schwerer Schneeverwehungen zu empfangen.

Sendeschluß - ja, liebe Kinder, sowas gab's damals noch - war um eins, dann Testbild
und Abschaltung - begleitet von einem ekelhaften Pfeifton. Der hat alle immer aufgeweckt.
Das waren noch Zeiten.

Beim öffentlich-rechtlichen Unfug hat sich allerdings nicht viel seitdem verändert.
Die Spätfilme aus dem Jahr 1933, handgekurbelt, monochrom und mit Klavierbegleitung,
sind die gleichen geblieben. Burt Lancaster schwingt als roter Korsar wie eh und je
den Säbel, und James Bond jagt Dr. No nun schon zum neunten Mal.
Er kann machen, was er will: er kriegt ihn einfach nicht.

ARD heißt übrigens "Arbeitsgemeinschaft der Rundfunkgesellschaften Deutschlands".
Soso. Eine *Arbeits*gemeinschaft soll das also sein. Glaub' ich nicht.
Im allgemeinen nämlich führt Arbeit zu Ergebnissen, die für irgendjemanden von
Interesse sind.

Natürlich sind beide, die ARD und die Piratensender....Entschuldigung....privaten Sender
quotenorientiert. Mit einem Unterschied: Die Privaten geben sich mit 7 Zuschauern pro
Sendung nicht zufrieden. Da fehlt es bei der ARD ganz klar an Sendungsbewußtsein.
Andauerndes ARD-Gucken führt unweigerlich zu einem schweren Fall von Perlinger,
d.h. doppelseitige Fraktur der Sehlinsen.

Bei dem Begriff Pay-TV denken alle an Premiere und DF-1, nur nicht an die ARD.
Dabei war und ist die ARD das allererste Pay-TV in Deutschland. Naja, ich kann's
schon irgendwie verstehen: So'n richtiges Fernsehen ist das ja auch nicht.

Die journalistische Qualität ist immerhin im öffentlich-rechtlichen Fernsehen höher
als bei den Privaten.

Das ist nicht unbedingt eine Kunst, denn der Reeperbahn-Report ist journalistisch
jetzt nicht sooo knifflig. (Beim Reeperbahn-Report achte ich immer darauf, daß es
keine Wiederholung ist, denn Teil 1 bis 3 hab' ich schon gesehen.)

Wieso muß ich mir eigentlich im gebührenfinanzierten Fernsehen auch noch Werbung
ansehen ? Weil 11 Milliarden an Gebühren einfach hinten und vorne nicht ausreichen,
z.B. um die Bundesliga-Übertragungsrechte zurückzukaufen.

Bemerkenswert an den Privaten finde ich immer diese schaukelnden Achterbahnfahrt-
einstellungssequenzen, selbst bei ruhigem Geschehen. Die Kamera bäumt sich auf, bockt,
kreiselt und schlingert, wie beim Rodeo. Bei Arabella ist das immer gut zu beobachten.

Der Grund ist folgender: Die in die Fernsehkameras eingebaute Dumpfsinnsperre DSS.
Die registriert, was sie registriert.

Steigt nun programmseitig der Dumpfsinnfaktor über den Schwellenwert von genau
0,8 Johannes B. (Blödmann) Kerner, will die Kamera sich weigern, weiter aufzuzeichnen.
Sie versucht mit aller Kraft, sich vom Geschehen abzuwenden, auf der Suche nach etwas
Erfreulicherem. Der Kameramann hält natürlich dagegen und versucht, zu bändigen.
Eine Art Ringkampf entsteht. Ja, und auf diese Weise kommen diese Kamerastunts
zustande.

Nach drei Runden von diesen verqueren Kameraeinlagen stehe ich auf, drehe mich
zweimal um meine Querachse - und finde das Bad nicht mehr.

Bei den Privaten läuft zwischen den Werbepausen, also in den verschwindend kurzen
Pausen zwischen den Werbeblöcken, Sitcom. Sitcom heißt situation comedy und
bedeutet, daß eine Situation komisch hätte werden können.
Ich war schon oft in Situationen und ich kann Ihnen versichern:
Komisch ist das meistens nicht.

Kommen wir nun zum Schluß und auch zur -folgerung:
Der Hauptzweck von RTL besteht darin, Erdbeerjoghurt zu verkaufen.
Der Hauptzweck der ARD besteht darin, daß sich hochbegabte, nein: hochbetagte
Schauspielerinnen wie Inge Meysel ihren Treppenlift vergolden lassen können.

Auf dem Amt, da gibt's koa Sünd

In den Amtsstuben des Landes
sitzen Milliarden von schmarotzenden
Beamten, die den lieben, kurzen Tag
nichts anderes tun, als Gesetze zu
vollziehen. Sie tun das ohne Rück-
sicht auf die Konsequenzen, denn
Gesetz ist Gesetz.
Da helfen nur noch Pillen.

Nehmen wir das Beispiel von dem Gastwirt, der einen Landgasthof betreibt.
Seine Gaststätte liegt etwas abseits der Straße, weshalb der Landgasthofbetreibersmann
dort ein Hinweisschild anbringen wollte: "Zum gar vollbusig Mägdelein", 200 Meter rechts.

Der Gastwirt dachte wohl so bei sich, daß er einfach einen Heuwagen nehmen, das Schild
anschrauben und den dann an die Straße stellen kann. Da hatte er sich aber verkalkuliert,
d.h. die Rechnung ohne die Behörde gemacht.

Die Baubehörde erfuhr von dem Fuhrwerk, besichtigte und kam zu dem Schluß, daß der
Heuwagen dort steht, wo er steht, und keinerlei Bewegungsabsicht mehr hat.

Dementsprechend - und die Logik legt es ja auch nahe - handelt es sich nicht um ein
Fuhrwerk, sondern um ein Bauwerk. Ergo braucht der fidele Wirt für den Heuwagen
eine Baugenehmigung, jawoll.

Baugenehmigungen aber kosten Nerven, Zeit und Geld.

Also hat der Wirt, der stur und uneinsichtig gar keine Baugenehmigung wollte,
nach einer Möglichkeit gesucht, diese zu umgehen. Mit der Behörde hat er also
ausgemacht, daß er den Heuwagen einmal im Monat um mindestens zwei Meter
verschiebt, jeweils hin und zurück. Der Heuwagen wird also verrückt, der Gasthofchef
nicht minder.

Also stapft der Wirt einmal im Monat über die schlammige Wiese und kommt einer
immens wichtigen behördlichen Auflage nach.

Die Geschichte hat sich tatsächlich ereignet.
Mir scheint, als ob sich etwas derartiges nur in Deutschland ereignen kann.

Wenn ich mir all die parkenden Autos so ansehe, dann drängt sich mir schon der Verdacht
der Baugenehmigungserteilungsbenötiung auf.

Ein anderes Beispiel:
In Langen bei Sprendlingen bei Neu-Isenburg bei Frankfurt befindet sich eine Eigenheim-
siedlung mit Häusern aus den 50er Jahren. Diese Häuser sind teilweise ohne Baugenehmigung
errichtet worden. Bisher hat das niemanden gestört.

Außerdem wurde in Langen ein rund drei Meter breiter Streifen bebaut, der zum
angrenzenden Naturschutzgebiet gehört.

Jetzt greift die Baubehörde durch.
Nach Jahrzehnten der Duldung will die Baubehörde nun, daß die Häuser ohne Baugenehmigung bzw. am Rande des Naturschutzgebiets abgerissen werden, auf Kosten
der Eigentümer natürlich.
Auf die Idee, den Mangel zu heilen, kommt die Behörde nicht.

Auch die vollständige Wiederherstellung des Naturschutzgebiets ist zwingend erforderlich.
Schließlich geht es dort um die Rettung zweier bedrohter Arten: die grüne Nacktmulle
und der rote Pfeifbackendrüsling.

Daß Eigenheime Lebensleistung darstellen und deren Abriß für die Eigentümer den Ruin,
interessiert die Beamten nicht die Bohne.

Kommen wir nun zu einem früheren Freund von mir.
Der ist selbständiger Unternehmensberater. Er hat ein Einkommen, das sich in einer
ziemlich hohen Höhe bewegt. Dementsprechend hoch ist auch seine Einkommensteuerlast.
Er hat mir einmal erzählt, was ihm auf seinem örtlichen Finanzamt widerfahren ist.

Auf Amt geht so: Er, wie immer in großer Eile, legt dem Finanzamt einen Scheck vor.
Dieser Scheck deckt seine Einkommensteuerschuld von DM 95.000.-. Drei vertrottelte
und nicht im mindesten beeindruckte Finanzbeamte stehen um ihn herum und erklären,
daß in einem solchen Fall das Scheckeinreichungsformular unbedingt ausgefüllt werden muß.
Nur hat keiner das Formular.

Dann weist einer der staatlichen Geldeintreiber darauf hin, daß der Scheck möglicherweise
nicht gedeckt sein könnte. Daraufhin bietet der Berater an, daß die Beamten seine Haus-
bank anrufen und sich die Deckung bestätigen lasssen.

Das kommt für die Beamten nicht infrage, weil die Kosten für dieses Telefonat (übrigens
ein Ortsgespräch) die Verschwendung von Steuergeldern darstellen würde. Also bot der
Berater den Beamten eine Mark an, für das Telefonat.
Die Herren Finanzbeamten reagierten empört und meinten, sie könnten auf gar keinen
Fall von ihm Geld annehmen. Das ging in Richtung Bestechung.
Die Lage wurde kompliziert.

Da fiel dem Berater ein, daß in genau diesem Finanzamt ein ehemaliger Schulfreund von
ihm arbeitet, der dort ein bischen was zu sagen hat. Der hat die Sache dann in 20 Sekunden
geregelt, und der Berater konnte endlich zu seinem Termin abdampfen.

Da kann man 'mal sehen, wie schwierig es sein kann, sich vom Finanzamt sein Geld
abnehmen zu lassen.

Let's talk about Sex, Baby

In Sachen Sex gibt es
zwischen den Ländern
erhebliche Unterschiede.
Am freizügigsten sind die
Skandinavier.

In Dänemark sieht der deutsche Tourist gelegentlich eine dänische Familie vor dem
Schaufenster eines Pornoshops. Die vier kleinen Kinder, angeordnet wie die Orgel-
pfeifen, schauen sich interessiert alles an und es wird alles offen gezeigt.

In Amerika geht's anders zu: Die Prüderie ist überall, und so mancher Amerikaner gibt
sich ausdrücklich als Anhänger der Marke Hemmklemm zu erkennen. So hemmen und
klemmen die amerikanischen Hemmklemmlinge allerorten, mit Bikinivorschriften, political
correctness und oberallerstrengstem Jugendverbot.

Gewalt ist o.k., Sex aber nicht, schon gar nicht für die Kinder. Die US-Prediger verteufeln
den Sex, als wäre er eine Ursünde. Überall heißt es: No sex please, we're Americans.

Allerdings gilt das alles nur für den offiziellen Teil der Gesellschaft. Wird es spät und sind
die Kinder erst einmal im Bett, geht's zur Sache, Schätzchen. Anything goes.
Dann werden die Pornos ausgepackt, von denen die Amerikaner weltweit am
meisten produzieren.

Woody Allen ist einmal gefragt worden, ob er glaube, daß Sex schmutzig ist.
Seine Antwort: "Selbstverständlich, wenn man's richtig treibt !".
Sowohl Frage als auch Antwort sind eher typisch für das Land der begrenzten
sexuellen Möglichkeiten.

Hier in Deutschland geht's recht freizügig zu. Im Verhältnis zwischen Eltern und ihren
Teenagern ist Sex bisweilen ein etwas heikles Thema, wenn überhaupt.
Wenn die Freundin zum ersten Mal beim Sohnemann im Haus der Eltern übernachtet,
haben die Eltern drei Befürchtungen:

1. Daß da was läuft
2. Daß da nix läuft, denn dann wär' der Sohn ja eventuell andersrum und
3. Was sollen bloß die Nachbarn denken ?

Die Kaufleute wissen: Sex sells. Das wird überall ausgenutzt, und warum auch nicht ?

An der Tankstelle, wo ich immer tanken tu, hängt ein Schild:
"Tropfmengen sind sofort aufzunehmen."

Das Schild würde in den Puff auch gut 'reinpassen.

How to erschreck teenager in the frühe Vormittag

In Deutschland werden Verkehrsvergehen
mit dem Auto mit den immer gleichen Mitteln
bestraft. Phantasie- und humorlos, wie sie nun
einmal sind, formulieren die Verkehrsrechtler
Geldstrafen, Fahrverbote und psychologische
Überprüfungen für nahezu alle Übertretungen,
bis hin zu Haftstrafen. Auf die Art des Vergehens
nimmt die Strafe nur teilweise Bezug.

Doch merket auf: Ein neuer Trend aus Amerika - wie könnte es anders sein - räumt auf
mit Strafen, die mit der Tat nicht direkt in Bezug stehen. Im Visier der Fahnder stehen
vor allem die 16 - 20jährigen Autofahrer, die verhältnismäßig viele und relativ schwere
Unfälle verursachen.

Anstatt die üblichen Strafen zu verhängen, gehen jetzt einige amerikanische Bundesstaaten
dazu über, den crash drivern unmittelbar vorzuführen, was sie angerichtet haben oder
anrichten könnten: sie müssen auf Anordnung des Richters eine Unfallklinik besuchen,
wo ihnen die Ärzte dann Unfallverletzungen zeigen, die medizinischen Komplikationen
erklären und auf Spätfolgen hinweisen. Der eine oder andere Unfallverursacher begegnet
seinem Unfallopfer persönlich.
Die Besichtigung frischer Wunden und die Verfolgung einer Operation am Opfer
bleiben nicht aus.

Den Höhepunkt bildet der Besuch in der Pathologie, den die Pathologen lustvoll nutzen,
um an frischen Unfallopfern zu demonstrieren, welche Autoteile wo überall eindringen
und was dabei geschieht.
Brechkübel stehen bereit.

Kreidebleich, entsetzt und mit schlotternden Pupillen schlingern die Kandidaten
dann aus dem Krankenhaus hinaus.

Das Programm zeigt Wirkung:
In den counties, die sich an der Maßnahme beteiligen, ist die Unfallhäufigkeit in der
betreffenden Altersgruppe um 30 % zurückgegangen.

Ermutigt durch diese Erfahrung, haben die Amerikaner das Prinzip der ursachen-
bezogenen Strafe auch auf andere Bereiche ausgedehnt.

In Amerika gibt es die Möglichkeit, Autofahrer wegen Lärmbelästigung anzuzeigen,
wenn die ihre 2000-Watt-Stereoanlage bis zum Anschlag aufgerissen haben.
Besonders gern werden Cabrio-Fahrer angezeigt, die ganze Stadtteile mit Gangsta-Rap
beliefern.

In schweren Fällen bzw. im Wiederholungsfall setzt auch an dieser Stelle ein pädagogisches
Konzept ein: Da der betroffene Fahrer seine Umgebung zwingt, Musik zu hören, die die
nicht will, wird *er* gezwungen, Musik zu hören, die *er* nicht will.

Also wird er vormittags in einen ganz speziellen Musikhörkurs zitiert. Zusammen mit 20 anderen schweren Fällen muß er sich stundenlang die volle Drröhnung 'reinziehen: eine Stunde Neil Diamond, dann Julio Iglesias, anschließend andalusische Folklore, ein paar hindustanische Klagegesänge und noch ein bischen was vom gaanz frühen Sinatra.

Die Abspielung erfolgt in Mono von kratzenden Schallplatten, die quäkende 5-Watt-Box voll ausgefahren.

Auch dieses Programm zeigt einen gewissen Erfolg.
Sollte sich einer der Kandidaten uneinsichtig zeigen und erneut angezeigt werden, setzt es die Höchststrafe: In persönlicher Einzelbehandlung und unter verschärften Bedingungen hagelt es 5 Stunden lang Barry Manilow.

Da bricht selbst der hartgesottenste Rapper weinend zusammen.

Ganz schön unmenschlich, oder ?

Vollfettstufe

Wenn Babies auf die Welt kommen,
haben sie Babyspeck. Die meisten
verlieren den Babyspeck dann später
(so wie ich) und bilden ihn dann aus
purer Eigenwilligkeit neu (so wie ich).

Mein Arzt hat behauptet, ich hätte in den Körperzellen um den Bauchnabel herum
Wasser eingelagert.
Ich widersprach und stellte klar, daß ich die Einlagerung von Wasser in meinen Körper
niemals genehmigt hätte. Unter dem Mikroskop stellte sich dann auch heraus, daß das
Wasser, das ich eingelagert habe, bernsteinfarben ist und eine weiße Schaumkrone trägt.
Schon besser.

Ich sehe ein bischen aus wie die großen Dosen, aus denen das bernsteinfarbene Wasser
mit der Schaumkrone, Sie wissen schon. Auch bin ich im Schattenriß einer Boje nicht
unähnlich.

Diese Figurgebung hat aerodynamische Vorteile.
Im Gegensatz zu verschlankten Ausführungen bilden sich bei mir beim Joggen
nicht all diese ungünstigen Verwirbelungen an Ellenbogen und Ohrläppchen.
In der Art eines Schiffbugs strömt die Luft von vorne heran - und weicht respektvoll
zur Seite. Die Wissenschaft spricht vom Bugnaseneffekt.

Auf diese Art erreiche ich beim Joggen Geschwindigkeiten um 74 km/h (laut Radarfoto).

Die Bugnase habe ich mir 1986 zugelegt, als in Tschernobyl das Atomkraftwerk
explodiert war. Ein idealer Strahlenschutz. Als ich aus Versehen eine größere Portion
verstrahlter Pilze gegessen hatte, drang denn auch keinerlei Strahlung nach außen.
Ja, so sorge ich für sie.

Im übrigen bewege ich mich elegant wie eine Gazelle,
oder wie heißt das Tier mit dem Horn auf der Nase ?

Die Tramps aus der Pfalz

Im Bereich der etwas traditions-
verhafteten Handwerkszünfte gibt
es einen jahrhundertealten Brauch,
der bis heute Bestand hat: die Rede
ist von der Walz.

Nach Ablegung ihrer Gesellenprüfung tingeln etwa Zimmersleute drei Jahre und einen Tag
durch die Lande, immer auf der Suche nach einer willigen Frau, einem kühlen Pils und
übrigens auch nach der Sammlung handwerklicher Erfahrung.

Früher trugen die Handwerker Ohrringe, an denen ihre Zunft erkennbar war. Hatten sie
etwas ausgefressen, riß ihnen der Meister die Ohrringe aus. Daher stammt der Ausdruck,
daß jemand ein "Schlitzohr" oder ein "gerissener Bursche" ist.

Heutzutage läuft so mancher Handwerker drei Jahre lang vor der Arbeitslosigkeit davon
und meint, er wäre auf der Walz. Natürlich ist dieser anachronistische Brauch mit der Zeit
modernisiert worden, wie die nun folgenden Schlitzohren unter Beweis stellen.
Zwei Zimmerer auf der Walz sind auf einen Handwerksbetrieb gestoßen und tragen
dem Meister unvermittelt ihren traditionellen Reim vor:

Wir sind die Tramps aus der Pfalz
und wir sind heavy auf der Walz

Wir woll'n ein Bett
und ganz viel Lohn
so richtig nett
und nich viel tun

Wir wollen Deine Frau vernudeln
und tu'n dabei auch nich viel hudeln

Wir sind gelatscht die ganze Zeit
und meistens war'n wir auch noch breit

Der ganze Weg, der soll sich lohnen
drum woll'n wir nix bezahl'n für's wohnen

Geht's morgen an die Arbeit dann
sind wir dabei und delegier'n -
das soll sich ja für uns rentier'n

Wir essen Obst und spucken mit den Kernen
wir soll'n ja schließlich auch was lernen

Mit Pfusch am Bau ha'm wir nix zu tun -
wir war'n die ganze Zeit am ruh'n

Geht's vor Gericht, schwör' ich jeden Eid:
"An dem Tag war ich wahrscheinlich breit"

Du machst uns unser Meisterstück
und kriegst es dann auch nicht zurück

Sei nicht so skeptisch -
Wir basteln Dir'n Ecktisch

Die Sache hat auch ihr Gutes:
wir bleiben ja schließlich nicht ewig....

Lehnst Du jetzt ab
und sagst schlicht "Nein"
dann hau'n wir Dir die Hütte klein

Na, wie sieht's aus ?

(Die beiden wurden sofort engagiert.)

Haste was, darfste was

Im Leben eines Mannes gibt es zwei
elementare Dinge: die Frau und den Job.
Ist eines von beidem falsch gewählt,
dann ist das nicht so gut.
Den Job braucht der Mann zur Finanzierung
seiner Spielzeuge, die Frau für's Herz und
für zum schaumig machen.
In Bezug auf Frau und Job ist bei mir
die Sache ungefähr so verlaufen:

Erst war an Schule
und Frau war gut

Dann gezogen an Bund
und Frau gewechselt im Gleichschritt

Azubi gern und Frau war heiß
gemachten Spaß und auch an'n Sack

JobKonzern und ackern viel
Stimmung schlecht und keine Frau

Studium und tu Dich um
sieh da neu Frau schwarz Haar

Frau gehabten Spaß mit annerMann
gezeigt Rotkart und Streifkondens

Als Job war neu
die Frau war alt
gehabt schon mal genausogut

Frau wird anders
Mann wird sauer
die Beziehung immer flauer

JobGeld mehr
und Frau is weg
so sieht's aus
der ganze Dreck

Gut neu Frau haben kein Problem
nur Frag von Zeit und überhaupt

I games open now declare.

Wenn einer eine Reise tut

Pauschalreisen sind weitverbreitet.
Wie allgemein bekannt ist, bringt diese
Form des Reisens einige Tücken mit sich.
Deshalb an dieser Stelle einige Tips für
Pauschaltouristen.

Prüfen Sie vor der Buchung einer Reise den Reiseveranstalter, die Urlaubsunterkunft
und den Zielflughafen auf Vorhandenheit. Neuerdings werden im Zusammenhang mit
Glücksspielen sogenannte Last-second-Reisen angeboten; dabei springen Sie mit
verbundenen Augen auf dem Flughafen von der Gangway. Sollte der Flieger noch da
sein, gewinnen Sie einen Freiflug nach Freiburg. Ist der Flieger nicht mehr da, haben Sie
den 2. Platz belegt.

Lassen Sie sich bei Buchung der Reise unbedingt einen Sicherungsschein aushändigen,
besser noch: einen Tausendmarkschein. Sollten Sie normalerweise ein Nasen-Piercing
tragen, so legen Sie es besser ab. Dann kann man Sie nicht so leicht an der Nase herumführen.
Diese Gefahr besteht bei Pauschalreisen immer.

Heißt es etwa im Prospekt, für Unterhaltungsprogramm sei gesorgt, dann müssen Sie
mit Feuerüberfällen der lokalen, außerparlamentarischen Opposition rechnen.

Ist von günstiger Verkehrsanbindung an den Flughafen die Rede, dann werden Sie vermutlich
im Wärterhäuschen auf der Startbahn untergebracht.

Trauen Sie der Schönfärberei auch dann nicht, wenn Sie meinetwegen nach Ägypten reisen
wollen und von "regional üblicher Küche" im Hotel gesprochen wird. Die ist erfahrungsgemäß
nur zur bakteriologischen Kriegsführung geeignet.

Die Gerichte haben im Fall von Reisemängeln immer große Mühe, die ortsüblichen
Verhältnisse von echten Mängeln zu unterscheiden. Finden Sie etwa - wiederum in
Ägypten - 22 verschiedene Ungeziefers in Ihrem Kopfkisssen vor, dann ist das nicht
unbedingt ein Mangel. Handelt es sich nämlich um ägyptische Ungeziefers, dann ist das
zweifellos ortsüblich.

Wenn es sich aber um Import-Ungeziefer handelt, das von verwahrlosten Pauschaltouristen eingeschleppt wurde, dann sollten Sie umgehend die ägyptische Reiseleitung
verständigen - wenn Sie sich mit der verständigen können.

Hin und wieder kommt es vor, daß Urlauber, die in eine Ferienanlage am Meer wollten,
80 Kilometer in die Wüste gefahren und dort dann verstaut werden. Aufregung darüber
lohnt nicht. Sie hatten ja ohnehin vor, mit einem Mietwagen "ins Landesinnere" zu fahren.

Besonderes Amusemang erwartet Sie im Cluburlaub.
Dort warten ausgemachte Folterknechte auf Sie.
Man nennt sie Animateure.
Die männlichen Animateure sind Neiderreger für die Männer und Frischfleisch für die

sexhungrigen Urlauberinnen. Die Animateusen quälen vorzugsweise die Männer, indem sie sie zu sportlichen Showeinlagen oder zu völlig hirnverbrannten Spielchen auffordern.

Unnu kömmt's: Wenn Sie sich weigern, an solchen Faxen teilzunehmen, sind Sie der Doofmann. Nehmen Sie aber teil, sind Sie noch viel doofer.
Also: Was ist Ihnen lieber ?

Pauschal gesehen, wird der Tourist also belogen und betrogen, verachtet und veralbert.
Aber das macht nichts.

Schließlich war's ein schöner Urlaub.

Herzlichen Glückwunsch, Mister Patterson !

Vor ziemlich genau 30 Jahren betrat Neil Armstrong
als erster Mensch den Mond. Der einzige Zweck dieses
Unternehmens bestand darin, die amerikanische Flagge
in den Mondstaub zu nageln, bevor irgendwelche
dahergelaufenen Herumtreiber mit russischem Akzent
eine andersfarbige Flagge dort aufstellen konnten.

Über die Mondlandung von Apollo 11 weiß jedes Kind Bescheid.
Schließlich war es das größte Medienereignis aller Zeiten. Aus zahllosen Dokumentationen
über die Reise zum Mond geht selbst die kleinste Kleinigkeit hervor, die von Interesse war
und die zum Scheitern hätte führen können.
Wir wissen heute also alles über Apollo 11 - oder etwa doch nicht ?

Neil Armstrong, der Mann im Mond, ist einmal gefragt worden, wann und wo er sich
jenen denkwürdigen Satz ausgedacht hat, den er beim Betreten des Mondes von sich gab:
"Es ist ein kleiner Schritt für einen Menschen, aber ein großer Schritt für die Menschheit."
Neil Armstrong antwortete, daß er sehr lange darüber nachgedacht hätte, was er in jenem
Moment sagen würde und auf dem Flug zum Mond hätte er sich schließlich für diesen
heute berühmten Ausspruch entschieden.
Soweit dürfen die Ereignisse von damals als bekannt vorausgesetzt werden.

Was kaum einer weiß: Neil Armstrong sagte zwar: "Es ist ein kleiner Schritt für einen
Menschen..." usw., dachte aber etwas völlig anderes. Er dachte: "Herzlichen Glückwunsch,
Mister Patterson !"

Wie es dazu kam, hat Neil Armstrong einmal einem Ingenieur von der NASA verraten,
vermutlich in fluguntüchtigem Zustand.

Als der kleine Neil 7 oder 8 Jahre alt war, spielte er mit seinem Bruder im Garten
Baseball. Dabei flog der Ball in den Garten der Nachbarn, zu den Pattersons.
Also kletterte der kleine Neil über den Zaun, um den Ball zu holen.
Dabei bekam er ungewollt mit, daß Mister und Misses Patterson gerade dabei waren.

Mister Patterson war unzufrieden. Er wollte, daß Misses Patterson endlich
einmal ihre mündliche Prüfung ablegt, anstatt immer nur das übliche zu machen.
Misses Patterson war völlig entrüstet und sagte zu Mister Patterson, daß sie es
dem Herrn Patterson niemals auf diese Art machen würde, not even in thousand years.
Ihre genauen Worte waren (und jetzt Obacht): "Ich werde es Dir erst dann
auf die Art machen, w e n n   d e r   k l e i n e   N e i l   v o n   n e b e n a n
a u f   d e m   M o n d   s p a z i e r e n   g e h t."
Diese Äußerung muß man sich einmal unter dem Gesichtspunkt der Wahrscheinlichkeit
auf der Zunge zergehen lassen....

An diese Begebenheit mußte Neil Armstrong denken, als er den Mond betrat.
Manchmal werden Wunder eben doch wahr.

Alsdann: "Herzlichen Glückwunsch, Mister Patterson !"

Höhere Mathematik

Im Privatfernsehen tummeln sich sogenannte
Journalisten, die vermutlich die Sonderschule
besucht haben, wenn sie denn das Zeug dazu
hatten. Eine Spezialität dieser Reportergattung
besteht darin, Fragen zu formulieren, die erheblichen
Mut erfordern. Fragen dieser Art aufzuwerfen wäre
bei der ARD glatter Selbstmord.

Der eine Teil dieser Fragen ist so behämmert, daß ich am liebsten mit selbigem Hammer
auf den Fragesteller drauf, bis er anfängt zu grinsen. Nehmen wir ein Beispiel: In der
Moderation eines Berichts über die Formel 1 stellt der rasende Reporter, der vor lauter
Rasen nicht zum Reporten kommt, Fragen wie:
"Ist die Formel 1 gefährlich ?" (Ja, natürlich). "Warum ist die Formel 1 so gefährlich ?"
(Hammer) oder "Wo beginnt die Gefahr ?" (spitzes Ende). Einige solcher Fragen haben
noch nicht einmal als rhetorische Frage das Licht der Welt erblickt.

Andererseits sind derartige Fragen durchaus beantwortbar:
"Sind die gefahrenen Geschwindigkeiten zu hoch ?" "Geradeaus, nicht."
"Wo beginnt die Gefahr, wo endet sie ?" "Zu a) in der Kurve/zu b) im Reifenstapel."
"Stellt Formel 1-Fahren eine ernste Gefahr dar ?" "Gibt's noch 'ne andere ?"

Ganz besonders beliebt sind Fragen, die außer mir niemand beantworten kann, weil
nur ich über den einzigartigen Lebensgefährlichkeitsrechenschieber verfüge, der allein
Gefahren meßbar macht, auch Alltagsgefahren. Wenn mich also ein Reporter fragt:
"Wie gefährlich ist Formel 1-Fahren ?", dann rechne ich ihm vor, daß das genau
1,6 mal so gefährlich ist wie Bungee-Springen.

Sollte ich gefragt werden, wie gefährlich Heiraten und Kinder kriegen ist, dann weiß ich
sofort, daß das ziemlich genau doppelt so gefährlich ist wie Formel 1, also 3,2 mal so
gefährlich wie Bungee.

Eine Geschäftsgründung etwa ist 1,8 mal so gefährlich wie Kinder kriegen und Bungee-
Springen zusammen, aber ohne Heiraten. Bei der Frage nach dem Risiko von Heirat,
Kinder kriegen und Hausbau gleichzeitig zeigt mein Schieberchen eine liegende Acht.
Im Vergleich dazu ist Fallspringen, also ohne Schirm, entschieden sicherer, auch in
Verbindung mit Formel 1.

Taxifahren in New York City ist so gefährlich wie einmal heiraten plus 0,5 mal Formel 1,
ohne Bronx. Es hat 'mal einer versucht, den Gefährlichkeitsquotienten von Taxifahren in
der Bronx zu ermitteln.
Leider war das ein Weißer.
Tja.

In der Bronx nehmen die Leute übrigens Drogen, als wenn's morgen verboten wird.
So, ausgebronxt.

Der Umrechnungskurs für das falsche Kondom ist einfach: Einmal heiraten und ein Kind.
Übrigens verkauft McDonald's jetzt wieder Kondome für Heranwachsende: die Junior-Tüte.

Japan ist überall

Bei japanischen Firmen bewirbt man sich
am besten in der Weise, wie die Japaner
ihre deutschen Gebrauchsanweisungen
verfassen, also etwa so:

An: SUSHI Electronics

Ser gerte Hehre,

ihc wurde gebort an Jahren 1963.

Vater nic gut und Mutter verschwund.

Dann vergangen an Schule und Schalter auf "Aus".

Danach ich wurde gehabt ein Gewer zur Hand und Ausbilder war

taglang taubes Or. Er hat imer Meinung "Beziehen Sie Haltung"

und Stillstand die ganzer Linie. Ich kamm Stiefel Hurra vermittels

eine Löfflung.

Dann Firma Chemi und legen Umwelt auf Null. Ich fünfen Jare

und verkauft was geht. Für hohe Schule ich Wirtschaft und studier

wenn Flasche leer.

Dann Schalter an Ende und geerdet Auto, andere persson fahre mit.

Halter Buch an anderen Geber und von Werk zu Werk, aber lange nicht.

So gewerbt von da auch anders, hat kein Wert.

Meiner Fäigkeiten beziehen den Schirm, auswärts und kleine Zahlen

in Reihe. Vor allen kann ich Saugen an kleinen Knöpfen.

So ich bitte fest um Gehalt, besser bleibe Hause.

Freundesgruß

Konfuzius

<u>Beilagen</u>
1 Zeug
1 Lauf
1 Bildnis

FIN